JN238141

プレミアム講座ライブ

田中博史の算数授業のつくり方

教師の"知恵".net企画

田中博史著

premium course live

　平成20年11月15日。この日，私は素敵な教師たちに出会いました。
　子どもたちに寄り添い，そして日々の授業に悩み，初めて会った隣席の人と真摯に明日の授業について語り合うその姿。感動なんて言葉を安っぽく使ってはいけないと思いつつ……。やっぱりここは素直に感動です。
　もうすぐ迎える新しい時代の幕開け。
　でも日本の教育はこんな素敵な教師たちによって支えられている，だからきっと大丈夫だと思えた一日。
　ここに，そんな素敵な一日の記録をすべてとじこめてみました。
　残念ながら，この素敵な空間を共有できなかったあなたに，本書を通してちょっぴりおすそわけいたします。

　　　　　　　　　　　筑波大学附属小学校　田中博史

Treasure every encounter, for it will never recur

目　次

田中博史の算数授業のつくり方

講座Ⅰ	算数授業を支える学級づくりのコツ	*005*
講座Ⅱ	1・2・3年生の算数授業づくり	*043*
講座Ⅲ	4・5・6年生の算数授業づくり	*077*
講座Ⅳ	活用力，表現力，読解力が育つ，	
	これからの授業づくりのあり方	*115*

田中博史の算数授業のつくり方

講座 I　算数授業を支える学級づくりのコツ

子どものトラブルは
神様がくれたいいチャンス

学級開きは触れ合いから

■ 超一流は参加者の先生方

　おはようございます。筑波大学附属小学校の田中博史と申します。どうぞよろしくお願いします。こんな休日に参加していただきまして，本当にありがとうございます。

　さて，この講座には「超一流に学ぶ授業づくりプレミアム講座」という，とんでもない名前がついています。しかし，私たちは自分たちを超一流だと思っているわけではありません。

　昔，先輩にこんなことを言われました。日曜日などの休日に，身銭を切って研究会に参加する先生は，日本でもわずか4〜5％だ。その4〜5％の先生たちこそ超一流の先生なんだと。

　だから，そんな超一流の先生たちと交流できること自体が，私にとってはすごく嬉しいことです。

　日本には，いろんな研究会があります。いわゆる官制の研究会では，先生たちが無理やり集められる。その時間を一緒に過ごしたいとも思っていない，無理やり集まった会と，自主的に参加してくださった今日のような会とでは，私たちも気持ちの入れ込み方が違うんです。

　皆さん同士もお互いに情報交換をしながら「超一流に学ぶ」という意味を考えていただければ，私たちもこの言葉を恥ずかしくなく使うことができます。このように理解していただいて，今日一日，先生方と一緒に過ごせる時間や空間を大切にしたいと思います。よろしくお願いいたします。

■ 学級開きで行うゲーム

　では，オープニングに，私がいつも自分のクラスで行うゲームをやろうと思います。
　全員ご起立ください。輪になっていただけますか。1つの輪になります。私のクラスは40人です。その40人が初めて出会うときにやるゲームです。6年生でも1年生でも，初めて出会った子どもたちには，お互いにつながっていることを，物理的にも意識させたいんです。
　初めて会う方たちはちょっと抵抗があるかもしれませんけれど，手をつなぎましょう。手が後ろで隠れるところまで，輪を小さくしましょう。

◆ 電線ゲーム

　電線ゲームを知ってますか。手で電流を送るゲームです。片方の先生からぎゅっと手を握られたら，もう片方の先生の手をぎゅっと握っていきます。すると，ずうっと回っていきますよね。やってみますよ。今から私が信号を送ります。このぐらいのことでも話を聞いていない子がいるとね，途切れるんですよ（笑）。
　いきますよ。はい。（黙って電流を送っていく）はい，電流が戻ってきました。
　このゲームは，「今日から1年間，先生と一緒によろしくお願いします」という挨拶をするときのセレモニーです。子どもとするときは床に座ります。床に座って，背中や肩がぴったりくっつくようにします。
　もう一度，回しますね。今度は回っていることを実感してもらいます。自分の誕生日の日付を使いましょう。日付の一の位

参加の先生たちと体験してみる

が奇数の方は，通過したときに，「あ，いま通りました」とか，何でもいいですから反応してください。「あっ」でも，「うっ」でもいいです。ただ，大人ですから，「あっ」とか「うっ」とかではなく，「いま通ったよ」や「あ，来た来た」など，そういう言葉にしましょうか（笑）。

　では，いきますよ。（電流を回す中で「来ました」「通りました」などの声が聞こえる）

　はい，戻りました。さて，いま何人の人が声を出したと思いますか。数学的にいうと，約半分になるはずですね。このようにちょっとした算数の話もするんです。

　これを高学年のパターンにすると，例えば，誕生日を3でわって，あまりが1の子が声を出すようにします。計算できない子もいるかもしれませんね（笑）。3でわるので，声を出す子はだいたい3分の1になるはず。

　このように，算数の話も交ぜながら，ゲームでクラスの一体感をつくります。

　本日ご参加の先生方には，今日一日だけ私のクラスの子どもになって，その一体感を感じていただきたいと思います。

　では手を離してください。ただし，手を拭かないでね（笑）。

　初めて会う方も多いと思いますので，もう少しお互いを知ったほうがいいですよね。まだ名前も知らないでしょうから。

◆　仲間づくりゲーム

　私は，子どもたちと「仲間づくりゲーム」もよくやります。私が手を叩いた数で集まるというゲームです。

クラスの子どもは40人です。その場合，例えば6や7の数で手を叩きます。そうすると，必ず仲間はずれが出ますよね。人数がそろわない。そこで，「先生，そんな数じゃなくてね，もっと4とか8とかにしてくれると，みんなが仲良くできるよ」という子どもの言葉を引き出します。
　わざとわり切れない数でやると，1人，2人が余って，かわいそうな子ができるでしょう。そのときに，仲間はずれになってしまって動いている子を目で追う子がいるんですよ。
　心配してずぅっと見ている子と，もう決まったグループでおしゃべりを始めている子では違うでしょ。私は，友達を心配して目で追ってくれる子をほめてやるんです。「あの子見てごらん。ほら，なんかずっと心配してるよ」と。こうすると，友達に心遣いをする子が生まれます。
　それで「じゃあ，40人だったら何人がいい？」と尋ねます。わり算ができなくても，そのぐらいはわかりますね。「2人組がいいよ」や「4人組がいいよ」など。
　では，ここまでの話を聞いたところで，先生方もこのゲームをやってみましょう。まず4人組をつくってください。
　あれ？　向こうに2人余っています（余っている2人を誘う声が出る）。そうですね。こうして，お互いが今のように気遣うことは，とても素晴らしいことですね。

◆　**下の名前で呼び合うためのゲーム**

　今から自己紹介をしていただきます。普通の自己紹介は，名前を言いますね。それを一回終えたことにしましょう。
　その後，私は，高学年の子を仲良くさせるために，意図的に下の名前で自己紹介をさせます。無理やりでも下の名前で呼んでみることを体験させるのです。女の子が男の子を呼ぶときに，例えば「田中さん」と苗字でしか呼べない子が，「ひろしさん」や「ひろしくん」と下の名前で呼べるようになるだけで，心の距離がちょっと近くなります。

では今から，この「下の名前を呼び合うためのゲーム」をします。1人目の方は「私の名前はひろしといいます。よろしくお願いします」と自分の名前を入れた自己紹介をします。2人目の方は「私の名前は，ひろしくんの隣の花子です」というように，前の人の名前に続けて自分の名前を言います。3人目の方は「ぼくの名前は，ひろしくんの隣の花子さんの隣の太郎です」とどんどん名前が増えていきます。全員が1周したら，一番最初の方は，全員の名前を言ってゴールとなります。

　では，だれを最初にスタートするか，じゃんけんで決めて始めてください。どうぞ。勝つのがいいとは限りませんよ。最初は少ないけど最後には全部覚えなきゃいけないですからね（笑）。（自己紹介し合う声）

　終わりましたか？　ちょっと距離が近くなったような気がしませんか？

　今は4人でやりましたから，皆さん比較的失敗してないでしょう。でも，これが，例えば6人ぐらいになると，覚えきれなくなりますね。そのとき，どういう状況が起こると思いますか。困って言えなくなる子がいますね。その子に対して，ただ黙って「なによ，あんた覚えてないの？」という雰囲気の子と，「違う違う。ほら，こっちは太郎くんだよ」と言って教えてくれる子がいます。その後者の子を探します。そして，その子をまたほめてやります。テストをやっているわけではないのだから，困っている子がいたらサポートをしていいんだよという雰囲気をつくってあげるんです。

　ところで，ここでもちょっと算数をしましょうか。このゲームの中で今，名前を何回呼びましたか。実は「1＋2＋3＋4＋…」というようになります。私は算数科の教師ですからね，今のような仲間づくりのゲームをしながらでも，やっぱり算数の話をちょっとずつ入れていく

んです。

　お付き合いしていただいてありがとうございました。席に座りましょう。

◆　スキンシップでつながる

　学級開きは触れ合いから始めます。とにかくスキンシップ。子どもたちとの距離を縮めるという意味もあります。子どもと先生がいつもつながっているという感覚をもたせたいのです。さらに男の子と女の子の仲をよくするという目的もあります。これが，高学年の学級を崩壊させない大きなポイントだと思います。

　実は私がいろいろな小学校に行くと，2年生ぐらいでも「はい，お隣の人と今からゲームをしましょう」というと，「え，やだ」という子がいるんですよ。その子どもたちの言葉が，本音なのか，単に照れているだけなのか，わからないですけどね。

　学級開きで，最初，男の子と女の子のグループをつくろうとすると，男の子の中には必ずこういう反応をする子がいます。男の子はまだ幼いですからね，この言葉を真に受けないことです。その場の照れ隠しで毒舌を吐いているだけの子もたくさんいますから。でもこの場面が，それを言うことで相手がどれだけ傷つくかということを指導するいいチャンスになります。

　ある程度の期間，学級で付き合ってきて，男の子同士の仲が悪いことなどが起きてそれを指導の対象にすると，その2人の人間関係を表に出すことになるので，ちょっとリアルになってしまいます。こういう場合は，全体で指導するのではなく，個別に指導したほうがよいケースです。

　学級開きで男の子と女の子のグループをつくったときの「え，やだ」というつぶやきには，相手の子が本当に嫌いなのではなくて，照れてそう言っているんだなという感覚がありますから，全体で指導をしても大丈夫です。私たち教師がこういう場面の子どものつぶやきがよい指導のチャンスだと思って見つめていると，指導のチャンスは毎日たくさんあることに気がつきますよ。

子どものほめ方

■ ほめて動かし,またほめる

　先ほどからずっとお話ししていることで共通するのは,「子どもを動かしておいて,その動かした子どもの姿から,こういうのがいいなと思う子を探してほめる」ということです。子どもをほめようと思っても,ほめる姿がないと意味がありませんね。

　私は,保護者会でも「子どもはほめて育てなさい」とよく言います。しかし,お母様方の中にはほめ方が下手な方もいらっしゃるようなんです。子どもの日記に「最近,お母さんが歯の浮くようなことばっかり言うんだ」と書いてあることがありました。空々しいこと言われても,子どもは実感がないときには動きません。

◆ 6つ目のゴミを拾う子を探す

　ほめるポイントは,先生を超えることの価値観を伝えることです。

　例えば「ゴミを5つ拾いなさい」という指示をしたとします。すると子どもがよく動きます。教師が子どもに指示を出すときに,数字を入れて指示をすると,その数字が子どもの目標になるので,今までよりも子どもが動きます。単純に「教室が汚れているからゴミを拾いなさ

い」と言っても拾わない子がいますが,「5つ拾いなさい」と言うと,子どもは5つは拾うでしょう。だから数字を入れて動かすと,子どもがさっと動く。これも,大切な技術です。

しかし私たちは,5つ拾ったままで,6つ目があっても拾わない子にしてしまっては意味がありません。だから,この指示を使う場合でも,「心ある教師は6つ目を拾う子を探す」と若い先生たちには言ってきました。

「でも,田中先生,教室で子どもたちが活動してるときに,6つ目を拾う子なんか探せません」という先生もいます。さて,皆さん,本当に探せないと思いますか？ 実は簡単に探せます。ゴミ箱のすぐそばを見ていればいいのです。子どもは,ゴミを拾ったら,それを持ってきてゴミ箱に捨てます。捨てる子はもう5つ拾った子です。そのうち,ゴミ箱の周りが必ず汚れます。そこに落ちているゴミを見て拾う子がいれば,それは6つ目のゴミですね。それで,その子をほめるんです。

ただし,その時点では黙って見ておきますよ。終わった後で,このゴミ箱のそばで,「ゴミ箱の周りが汚れているから,6つ目や7つ目を拾ってくれた子がいるよ」とほめてあげる。

すると他の子どもたちの中にも「いや,私も拾ったよ」という子どもがいるかもしれません。「先生は,その姿を探すことを目標にして,皆さんが掃除をしている姿を見ていたんだよ」と伝えます。先生の指示を超えることを,先生が喜んでいるのだと伝えるのです。

このようにすると子どもは育ちますが,私は,さらに,その数字自体も子どもに決めさせたらどうかと思っています。図工のあとなどに,「みんな,教室を見てごらん。ずいぶん汚れてるね。一人がいくつ拾うと,このお部屋

はきれいになると思う？」と子どもに尋ねます。子どもが「先生，7つぐらいかな」と言ったとしますよね。「では，みんなで7つ拾おう」とやります。それでゴミがまだ落ちているなら，「先生，一人7つじゃだめだよ」と子どもが数字を修正するでしょう。

　算数の授業でも子どもに数字を決めさせることがありますね。学級のルールもそうです。それは子どもが自分たちで決めたことは，自分たちで修正することができるからです。先生から「こうしなさい」と言われたことは，その先生がルールを変えてくれない限り，変えられないのです。

◆　ルールは子どもたちで決める

　うちのクラスは40人で，男の子20人，女の子20人です。ボールが4つありますが，休み時間になるとボールの奪い合いが始まります。チャイムが鳴るとすぐに廊下にあるボールをわしづかみにして運動場へ走っていく子がいます（笑）。または1時間前から姑息にボールをどこかに隠している子など，いろいろな子がいます。そうすると，当然，「先生，ボールの使い方のルールを決めようよ」という声があがります。

　しかし，このときに，先生から「わかりました。じゃあこちらの2つは男子ボールとします。こちらの2つは女子ボールとします」と決めてしまうと，例えば女の子が遊ばないでボールが残っていても，男子は使えませんよね。先生が決めたんだから，先生が変えてもいいと言わないとルールは変えられません。

　でも，子どもたちに話し合わせて，子どもが「ねえ，どうする？　男子ボール女子ボールというのをつくろうよ」と決めていたとすると，やっているうちに不都合なことが起きたら，修

正をする権利が子どもにあるでしょう。「先生，ああやって決めたけど，どうもそれじゃ不都合があるから，女子が遊ばないとわかったときは，女子ボールを使っていいことにしようよ」というように。

また，「これは男子のボールだけど，時間が5分過ぎても使っていないので，女子が使ってもいいことにしようよ」と言って，自分たちで新しいルールをどんどんつくることができるわけです。

自治活動ができるように子どもを育てるには，教師の言ったことだけをいつも守る子にするのではなく，先生を一歩超える姿をいつも見ていて，ほめてあげることです。子どもたちがその生活に慣れてくると，「あ，この先生は，ある1つの小さな状況のことを言っておいて，私たちがどんどん変えていくことを期待しているんだな」と感じてくれます。これも，高学年の子どもたちが心を開く，1つの条件ですね。**決めたこと以外は許さないという態度の先生と，私たちに任せてくれているんだという態度の先生とでは，子どもの受け入れ方が全く違うのです。**

◆ 「よいところ探し」を仕組む

学級を担任すると，先生が子どものよいところをほめることはやりますが，子ども同士にもよいところを探すことをやらせたいですよね。

いろいろな小学校に行くと，友達同士でいいところを見つけ，報告し合うというのをやっています。学級会や帰りの会でよくやりますよね。

でも，これも，先生が「友達のよいところを探しましょう」とだけ言うのでは，形骸化してしまいます。

昨年の「超一流に学ぶ学力セミナー」でもお話ししましたが，私は，いつ

講座Ⅰ　算数授業を支える学級づくりのコツ

も，授業の終わりや帰りの会の直前に，こうやって子どもに伝えます。

　一日が終わって「起立。先生さようなら……」と言いかけた瞬間に，私が「あ，ごめん。1つ言い忘れたことがある。今日ね，花子がね，給食当番でもないのに休み時間に給食台の汚れを拭いてくれていたの。これはぜひみんなに伝えておきたくてね」と言います。伝えた後は「ごめんごめん。帰りの挨拶を途中で止めて，ごめんね。ではさようなら」とやる。

　翌日も「気をつけ，礼。さようなら」という直前に，「あっ，ごめん。1つ言い忘れた」とやる。よく言い忘れる先生だなと子どもが思うかもしれませんね（笑）。「あのな，今日，太郎がね，中央ホールで1年生の靴が落ちてるのを休み時間に見つけて，ずっと探し歩いて，靴箱に入れてくれてたんだよ。あいつ，いいとこあるなあと思ってね。ごめん，ごめん。これもちょっとみんなに伝えたくなってね。では，さようなら」とやる。

　3日目。これ大事ですよ。「気をつけ，礼」という瞬間に，全く同じタイミングでやる。でも，日直もそろそろ，にやにや笑いながら，気をつけと礼の間を空けてくれるようになってきます。そこを期待を裏切らず「あ，1つ言い忘れたことがある」とやります。

　こうやっていくと，次の週ぐらいから，やたら私の周りでいいことをする子が増えてくる（笑）。とにかく認めてほしいから。

　でも，そういう姿ではなく，隠れたところでやっている子を探します。先生は，探して歩かなければいけないんですよ。探して歩いて，また言います。

　そうすると，今度はこういう子が生まれます。「先生は見てない。あたしもやったのに」と。「いつも何か別の子ばっかり見てて，私を見てくれていない……」とか言うでしょう。

　それでもめげずに続けると，こんな子も出てくるんです。「先生は見てないけど，次郎ちゃんもこういうことしていたよ」と。自分のことではなくて，他の子のことをいう子が必ず現れるんです。私は，耳をダンボのようにして，そういう子が出てくるのを待っているんです。そして「君の話を聞き

たいなあ」と言って，その子に話をさせます。

　自分のことではなく，友達のよいところを見つけたことを報告した子をほめるんです。すると他の子も「それならぼくも見たよ」「私も見たよ」という話を始めますね。それをまた聞いてやる。その数がだんだん増えてきて「そっか。じゃあ一日終わったら，こういうふうにみんなで見た姿を報告し合う会をつくろうか」とやれば，その「よいところ探し」は，先生が「やりなさい」と言ったんではなくて，子どもがやりたくて生まれたものになりますから，形骸化しないですね。

　先ほどから私が話していることのポイントは，みな同じです。あることを動かしておいて，子どもが先生よりも一歩先を進むところを見逃さずにほめることを繰り返すこと。教師の先を動く子どもの姿を探すということは，実は後からお話しする算数の授業と大きくかかわっていきます。

80分×4コマの本講座で1日たっぷりつき合ってくださった先生たち

子どものしかり方

■　自分の目で事実を見極める

しかるポイントは，前後をよく見ることです。

子どもの生活指導では子どもをしかる場面がよくあります。先生という職業は，目の前で子どもたちがやっている悪いことを見ると，すぐにしかってしまいたい職業です。

しかし，私は，子どものトラブルは神様がくれたいいチャンスだと考えています。本当はなかなかそういうトラブルには出会えないんです。子どものトラブルは，実は先生の見ていないところで起きています。目の前で起きたというのは本当はラッキーなことなんです。

それなのに先生は，しかって一言で潰してしまうことが多いのです。これは非常にもったいない。命にかかわるような事件は別ですが，私の場合は，トラブルに出会えたら，ラッキーこれはおいしいぞと思うことにしているわけです。

しばらくそのトラブルの前後の出来事をよく見ます。前後をよく見て，自分がその前後をよく知っていることならば，その後の指導もしやすいんです。

例えば，ある日突然，教室の本が破れていた。先生はどの子がやったんだろうと思う。しかし，その前後を知りませんから，子どもたちにいくら問いかけても，子どもは心の中で「どうせ先生は知らないだろう」と思っているので正直に言わない。先生がいくら頑張って問いかけても，「この先生は知らないのに，言っているな。黙っていりゃ，わかりゃしないや」と学ばせてしまいます。

大切なのは，学級文庫の本をきれいに保管することよりも，子どもの心を育てることだと思うので，先生の知らないところで起きたトラブルを指導の材料に最初から使う必要はありません。
　だから，私は意図的にトラブルを探して歩きます。トラブルなんかいつも起きているわけはないと言われるかもしれませんが，実は休み時間はトラブルだらけですよ。
　見に行くと必ず出会うのは，ボールの後片付けに関するトラブルですね。ボールの後片付けは，どこの学校で話しても皆さんが必ずうなずかれます。「最後に触った子が片付ける」という妙なルールがあるでしょう？　それで，休み時間が終わると，彼らは階段のところでボールの押しつけ合いをしているんです。ひどい子になると，全然関係ない子にボールをぶつけて「お前が当たったから片付けろ」なんて言っている。その子は，遊んでいなくて，ただ当たっただけだから，「いやだ」と言って片付けません。そしてボールが転々と転がって運動場の真ん中でそのままになっているというパターンはよくあるのです。探せば簡単に見つけられますよね。
　その状況を，ずっと離れた昇降口から見ておきます。トラブルを探しに行っているので，一部始終が全部見えてきますよね。なるほど，この子が最初にまずこう言って，その後，友達に押しつけた。また，ボールをぶつけられて，ちょっと心の中では自分が片付けなければいけないかなと思いながらも，そんな理不尽なことは許せないと思いながら教室に帰る子もいる……。これが全部見えているんだから，この後の指導はとても楽です。
　その日の帰りの会に，ある女の子が「先生，ボールが1つありません」などと言ってくるわけです。ここは待たなければいけませんよ。こういうトラブルの情報を仕入れると言いたくてしかたがなくなりますが，子どもが言い出すのを待つことが大切です。これを受けて「おい，ボールがどうやらないようだ」と私が言う。でもだれも自分のせいだとは言いません。それで「あれ？　今日はだれもボールで遊んでないの？」と，何も知らない先生を演じます。

このときってね，ちょっと意地悪ですけど，とっても気持ちは楽ですよ（笑）。もう手の平の中に，子どもたち全部がいるわけですからね。

そのうち子どもたち同士で「いや知らない」「○○くんが遊んでた」「いや，ぼくたちは片付けたよ」という会話をしはじめる。何も知らない先生だったら「じゃあ，次のときはちゃんと片付けようね」くらいしか言えませんね。どの子が本当のことを言ってるのかがわからないから。

しかし，トラブルのいきさつを知っているときは，子どもたちは手の平の中にいますから，「なるほど。この子は，こういうときにこの表情で真剣に嘘をつくんだ」といったことがわかる。また，そばで見ていたくせに言わない子たちの振る舞い方もわかる。これだって同じことですよね。この子たちも知らないふりをするんだから。冷静に児童観察ができます。このときの先生は自信がありますから，子どもたちも「なんか，妙にこの先生，私のほうを見て話すな」なんて思うんです（笑）。

ただし，私は最後の印籠は出しませんよ。私が見ていたというとだめです。次から，ボールの後始末をするときに，きょろきょろするようになりますからね（笑）。

私は，彼らの話を聞き，彼らが今の状態でどこまで解決できるのかを見てやります。なかには非常に心苦しい顔をして聞いている子もいます。廊下でボールをぶつけられて，「私があのとき取りに行っておけばよかったのに」などと思っている子です。この子はもう本当に顔がこわばっている。でも言いたいけれど言えない。こういう時間を子どもたちと共に過ごして，帰りの会で「そうかそうか，わかった。次から気をつけようね」と言って帰りま

す。
　私は，その子のフォローもしなくてはいけないから，階段を歩きながら，「気にしなくていいんだよ」とぽんと言ってやります。すると「え，なんで知ってるの」という感じになるでしょう。その子には，ぽんと魔法をといてやらなくてはいけない。
　問題はトラブルを起こした張本人ですよね。この子たちには，ちょっとお灸がいりますね。子どもたちとさんざん話し合って「とうとうわかんなかったね。でも『だれかが』本当はやっていたんだよね」「難しいね。明日からそういうことがこのクラスでないといいな」と話しながら，下校のときにその子と一緒に靴箱まで歩いていきます。
　そして，さよならの直前に，思いっきり肩をぽんと叩いて，「正直になるって難しいよな」と言ってあげる。その子は歩きながら「うーん，どういう意味だろうな。まさか知っているんじゃないよなあ」なんて不気味に思うでしょう。
　こうした的を射た指導を3回やったら，子どもたちは「この先生，ただもんではない。実は全部知ってるんじゃないかな」と思うようになる。そして，この不気味な教師は，かなりの掌握力をもつことができます（笑）。
　このように仕組むことは，実は，算数の授業をするときも同じです。授業では教材研究をして挑みますよね。指導するには，必ず教材研究が必要でしょ。子どもを指導するにも，子ども研究が必要なんです。
　子どもの研究をすることは，子どもを見て歩くことです。とにかく，子どもの中の情報を探す。子どもを見守るという言葉は，きれいごとではありません。教師が，今からこういう指導をしようと思って探して歩けば，非常に効果的な指導になっていきます。

■　休み時間には子ども探し

　最初は，難しいことを考えずクラスの名簿を持って，休み時間に子どもたちを探して回ってみてください。いったい，どこで彼らが生息しているのか

（笑）。

　20分間で自分のクラスの子どもを全員探せたらすごいことです。まあよほど個性がないか，教室の中で静かにいる具合の悪い子たちばかりになっているかも（笑）。休み時間に散らばる具合が激しいほど活動的ですから，なかなか探し出せないものです。私の場合，40分あるお昼休みでも，全員を探すことはかなり難しかったという経験があります。

　でも回ってみると，子どもの意外な様子にたくさん出会います。へえ，この女の子は男の子たちと遊ぶのだとか，図書室に必ず行っている子とかね。でも，図書室に行っている子は必ずしも本が好きとは限らないですよ。図書室に行くことで仲間に入れないことをカモフラージュしている子もいます。また，校舎の裏のほうに生息している子もいる。まるで動物みたいなもんです（笑）。

　私が数年前に自分でやってみたときには，どうしても探せなかった子が3人いた。何日やっても，その3人がいないのです。どこにいたと思います？

　その子たちは，私が名簿を持って探しているのに気がついたわけです。それで私のあとを，私に見つからないようにつけて回るというゲームをしてました（笑）。

　こうやって歩いてて，ふっと振り返ったら影がサッと消えたからなんだろうと思ったら，その3人だったんですね。「先生，ところで何してんの？名簿持って歩いて」と言われてしまいました。その子たちに逆に遊ばれていたということですね（笑）。

　一度，子ども研究の第一歩として，そういう時間をとってみてください。新しい子どもの姿が見えてきます。

オリジナル模様づくり

■ パターンブロックを使って

では，ちょっと算数っぽいこともしたいと思います。

クラスのトレードマークを作ることはよくやられると思いますが，算数の先生のクラスの子どもだから，トレードマークも算数っぽいものにしたいと考えました。そこで，ある時パターンブロックを使って自分のクラスのオリジナル模様を作ろうという活動をしてみました。低学年のときのことです。Tシャツの背中の肩のところに，パターンブロックで作った模様をアイロンプリントでつけます。

でも，全員が同じ模様ではおもしろくない。だから，微妙に違う模様を作ろうともちかけました。でも，クラスの一体感も出るような模様にしたいなあと。それでパターンブロックを使って同じ形づくりをさせたのです。

◆ 配布物で心遣いをほめる

では，パターンブロックを配りますね。余りませんか。大丈夫ですか。足りないところ，ありますか。（パターンブロックやプリントを列ごとに配る）

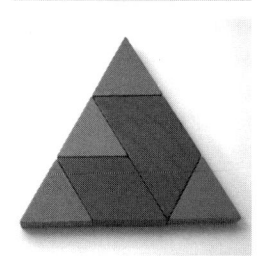

同じ形だけど構成が違う

はい，いまちょっと意地悪なことをしてしまいました。実は私，いま配る

ときに，わざと数を少なくして先頭の人に渡したのです。そうすると，どういうふうにするかなと見ていました。ごめんなさいね。

これを教室でもやってみてください。配る数が少なかったら，列の前の子の中には，後ろに全部回す子と優先的に自分が取る子もいるでしょ？　どっちの子をほめればいいと思いますか。やはり，後ろの子に先に回して，自分の分を後回しにする子がいれば，また1つ心遣いをほめてやることができますね。

このように，何かやるときには，必ずトラブルが起こるように仕組むのです。先生が仕組むのですよ。偶然に起きたのではないのです。先生がトラブルを仕組むと，意識的に子どもの動きを見てあげることができます。

◆　図形指導について

さて，今，お渡ししたのは，パターンブロックという教具です。

キズネール棒を知っていますか。いろんな長さの棒があって，数の保存や関係，長さ，図形の指導にもよく使われる棒です。それとともに使われているのが，このパターンブロックという教具です。

このパターンブロックは，非常にいい素材でできています。木でできているのです。他の会社はプラスチックで作っていましたが，この木がいいんですよ。

今日は皆さんに少しだけプレゼントをします。(先生方から拍手)

ここにタスクカードというプリントがあります。これは，子どもたちがパターンブロックを当てはめていって，いろいろなものを作るという遊びをするためのプリントです。

タスクカードの本はたくさん出ています。アメリカの子どもたちはこういう遊びで図形の感覚を豊かにする授業をたくさん受けています。
　図形のカリキュラムは，日本の教育の中でもちょっとあいまいなところがあります。そもそも図形の名前を見ても，全然算数的ではないでしょう？二等辺三角形と呼んでるのに，平行四辺形と言っていますね。四角形ではなくて四辺形となっています。三辺形ではなく三角形。一貫性がないんです。
　でも，これらは図形の性質を名前にしているから，まだいいほうですね。図形の性質の名前をつけたものではないのが，ひし形。台形というのもある。台形は，ひっくり返したら，台にならないような形もあるのに。子どもがこの台にどうやって乗るんだと言うときもありますね。これらが日本の図形教育の中では交ざって出てくるんですね。
　しかも，どこから始まりどういうふうに指導をしていけばいいのかというカリキュラム自体，学習指導要領でも二転三転しています。1つの流れは，生活の中の図形からスタートするという流れです。だから，正方形や長方形からスタートする。もう1つの流れは，数学としての流れです。最初は，どんな三角形でも構わないから，3つの辺に囲まれた形なら三角形というところから入る。そして，だんだん特殊な形として正方形や長方形を学ぶという流れです。このように大きく分けると2つの流れがあって，それが学習指導要領改訂のたびに，あっちに行ったりこっちに行ったりしている傾向があります。子どもたちと付き合うには，このような理屈を知っておくことも大事ですが，もっと図形で遊ばせておきたいですね。アメリカの子どもたちは小さい頃からこういう教具でよく遊んでいますよ。日本の子どもも，もっと感覚豊かに育てるために，必要だと思います。ただ，遊びの領域から一歩進歩しないと，なかなかもう1つ上の世界にはいけないと思います。

◆　オリジナルの模様を作って連帯感を育てる
　では，さっきの模様づくりの話に戻しましょう。今からこのプリントの正三角形の枠の中に，このブロックを入れてオリジナル模様を作ることにしま

しょう。これはきっと他の人が作らないだろうなと思うものですよ。いいですか。案外単純なものが残るかもしれませんね。では，どうぞ。（しばらく作業）

できましたか。なるほど。

1つではあきたらず，いっぱい三角形を並べた人もいますね。子どもたちも同じように，違う形を使って遊びはじめますね（笑）。

では，マイ正三角形ができたら，お立ちください。

今から，お友達の三角形を見て歩き，同じ模様があった場合は，じゃんけんをしていただきます。どちらか1つだけを残すことにしましょう。もしも同じ模様を見つけたら，その席のところに立っていてください。ご自分の席にどなたかが立っていたら，同じものがあったことになります。そして，2人でじゃんけんをして，負けたほうの模様を崩します。はい，では，どうぞ。（じゃんけんをする声）

> 参加者A：質問があります。裏返して同じ，回して同じは同じと見なすのですか。

なるほど，いい質問ですね。どうしましょう，裏返したり回したりして同じものは，同じと見なすか別と見なすか。

低学年のときは別でも構わないです。ですが，今回は大人ですから，高学年バージョンでいきましょう。裏返したものを同じと見なします。

はい。では一度お座りください。

今，そちらの先生がお礼を言われてましたが，相手の模様を崩すのでちょっと心が痛むでしょう。そこで，こんなときにも「ごめんね」と言える子を

探しましょう。「ここをこうすると，新しいのができるよ」と教えてくれる子もいます。このような中でかかわりをつくらせ，子どもたちにそういう心をつくりたいなと考えます。すべてがトラブルになるのではなく，子どもの中から関係を新しくつくる力や，今のものを使って変化させる力を見取ってやります。

　3年生ぐらいでこの活動をやると，「先生，同じかどうか，わからない」と言う子もいます。また「持って歩いて比べてもいい？」と言う子もいます。持って歩いたらぐちゃぐちゃになるでしょう。さて，子どもたちはどうするでしょう。

参加者B：台紙に写し取りますか？

　なるほど。この下に台紙がありますからね。台紙に写し取って，それを持って歩くのは素晴らしい考えです。そんなアイデアを言った子がいたら，ほめてやるのがいいですよね。写すと，この授業の後で崩しても保存できますからね。

　私がこれをやるときはいつも，デジカメで写真を撮って残してるんです。
　さて，他のアイデアがありますか。どんなアイデアでもいいですよ。子どもたちは，みんなで，同じものがあるかどうかをチェックしたいわけです。何か，合理的にうまく行う方法はないものでしょうか。はい，どうぞ。

参加者C：色の数を数えたらどうでしょう？

なるほど。色の数ですか。皆さん，この先生のアイデアの意味がわかりますか。

> 参加者D：いくつ色を使っているかを数えるんでしょうか。

なるほど，いくつ色を使っているかを尋ねるんですね。色の数という意見と同じだと思いますか。

> 参加者E：色の数が2つの人，3つの人，というふうに調べればいいかな。

そうですよね。それなら種類分けができますよね。
ではまず，1色の方？　お一人ですから，ということは絶対1つですよね。おめでとうございます（笑）。
では2色の方？　これは難しいですよね。3色の方？
このように分かれましたが，今の時点で，2色の方，3色の方が集まっていますね。皆さんはもう他のを見る必要がないですね。
では，もっと他の比べ方も考えてみましょうか。先生だったらどうやって比べますか。

> 参加者F：低学年で位置を変えないのだったら，下に赤があって，赤が1つで，青が2つで，緑が2つとか。

なるほど。それぞれのブロックの数も限定すると，もっと狭められますよね。では，今，皆さんが作られたものを，赤がいくつで，緑がいくつで，青がいくつで，と数で表記してください。どうぞ。
では聞きますね。2色の方からまず聞きます。2色の方，ちょっとお立ちください。私の前の先生と同じかどうかの可能性を聞きますね。先生は，何

色が何個ありましたか？

> 参加者G：青3，緑3。

　はい，青3，緑3の方？今，手を挙げていらっしゃる方が集まれば，チェックが可能ですよね。
　これを子ども同士でさせればいいわけですね。この青3，緑3同士だけを立たせて，他は一度座る。
　ちょっと座ってください。青3，緑3の人だけ立っていてください。この立った人同士がお互いの形を見て歩く。すると，合理的にチェックができますよね。
　立っていらっしゃる方だけちょっと見てください，どうぞ。
　はい，OKです。それで，修正しなくてはいけない方と，そうではない方とに分かれますよね。
　このように，クラスのシンボルマークを作ろうという企画の中で，色の種類や数で分ける，ブロックの数で分ける，こういった算数をやっていきます。
　最終的に，オリジナル正三角形ができたとします。この問題では40通り以上できますので，マイ正三角形を一人1つずつ持つことができます。それをパソコンのソフトを使ってもいいし，デジカメで撮ってもいいのですが，印刷してアイロンプリントにしてTシャツなどに貼りつける。教室で展示会をやっても楽しいです。
　正三角形という形は全員同じなんだけれど，よく見ると一人ひとりが違う。こうして連帯感を育てることも，オープニングでやってみると楽しいです。

●正三角形の多様な作り方

問題行動の指導

■ トラブルへの気持ちのもち方

　もう絶版になってしまいましたけれど，私がかつて算数ではなくて「学級づくり」だけで本を作ったことがあります。子どもとのトラブルをどういうふうに乗り越えてきたかというストーリーをまとめたものです。これはそのコピーです。ずっと説明していると時間が長くかかりますから，資料にしました。

　話題は，本当に小さな小さなことばかりです。その小さな小さなことは，日々，先生方のクラスの中でも起こっています。トラブルを処理するのがとてもいやだと感じるよりも，トラブルの回数分クラスは育つと思ったほうが，何かトラブルがあったときに先生の気持ちが暗くならなくてすむわけです。

　私は何かトラブルがあったら，これでまた１つこのクラスが育つぞと思うことにしています。すると，優しい気持ちで，喧嘩やトラブルを見てやることができます。

　「そういうトラブルがあるのはいやだ」と思うと，トラブルがあるたびに「なんで私のクラスは，いつまで経ってもこうなんだろう」と気持ちが暗くなるでしょう。発想の転換が大切です。

◆ 掃除のカード事件

　お配りした資料の，タイトルが「掃除のときのＭ子の工夫は自分勝手か」を見てください。この子は２年生の子です。

　掃除当番のクルクル回すやつがあるでしょう。名前が書いてあって，だれ

がほうきでだれがなんだという。本校は縦割りの掃除をやっていますから，いつも上級生が作っているんです。

あるとき，教室の掃除を低学年も低学年だけでやってみましょうと変わったときがありまして，M子は，そのクルクル回すカードを作りたくてしょうがなかったんです。だから，だれよりも先に勝手に作ってしまった。

ところが，みんなもそのカードを作りたいと思っていたので，「ずるい」と言って怒りました。M子は「私はこんなに一生懸命やったのに」と思うのですが，でも周りの子も「自分も作りたかった」と，もめるわけですね。これだけでも，1つのよい学級指導の題材になりますよと書いた原稿です。

◆ ビニール袋事件

もう今は二十歳を超えてしまった子たちと初めて出会った，4年生の時の話です。

教室の掃除が終わると，なんだかわからないけれど，いつもビニール袋が落ちていたんです。不思議だな，この子たちは片付けをしない子たちだなと思って，そのビニール袋を放課後拾って歩くのが私の仕事になっていました。だけど，なんでこんなにビニール袋がいつも落ちているんだろうと，非常に不思議でしょうがありませんでした。

そこでさっそく，私は掃除時間にずうっと見て回ることにしました。廊下を通ったとき，挙動不審な子がいて，その子の足もとにもビニール袋が落ちていたんです。その子の顔は，明らかに何かまずいことをしていたという顔なんです。なんだろうと思いましたが，その時点では注意しないで，しばらく様子を見ることにしました。

実は当時クラスの中にだらしない子がいました。その子が4年生のスタートのときに他の子から，汚いと言われていることがわかりました。そして，その子の机を運ぶのに，クラスの子がビニール袋を手にして運んでいたので

す。

　4月，学級をもって最初でしたから，私にはわかりませんでした。でも，これは大きな指導が必要ですよね。彼らは先生が来るとさっとビニール袋を捨てて，普通に運んでいるふりをしていたのです。私はいろいろな掃除区域を見回っていますが教室に帰ってきたときに，その子の机がぽつんと置いてあったり，運んであってもビニール袋が散乱していたりという状況が続いたわけです。

　私たちが子どもたちを見ようと思って動き回ると，普段とちょっと違う，なんだろうこれはということに出会うかもしれませんね。そのとき，その前後にどんなことがあるか。私たちが本当に心を鋭敏にして向かわないと，教師には見えないところでいろいろなことが起きています。

　しかし，見えた瞬間に教師がそれを話題にしてしまうと，その姿はすぐ消えてしまいます。授業のときも，子どもたちが，小さなことをぽつんとつぶやきますね。それを見逃してしまうと，すぐに消えてしまいます。

　私たちは，子どもの姿をずっと見て歩こう，その中に普段と違うことが起きたら何かその前後にあるぞという，こういう気持ちをもって子どもたちと接してやることが，いろいろなことを発見する目につながるのではないかと思います。

　私のクラスの中でもそういうトラブルはたくさんありました。今もっているクラスは6年生です。子どもたちは非常にかわいい状態にやっとなってくれましたが，今のクラスも4年生のスタートのときは大変でした。今はまだリアルな話になるので，お話しできませんが。またいつか（笑）。

講座Ⅰ　算数授業を支える学級づくりのコツ 033

高学年女子の
ほめ方や関係づくり

　子どもたちとの日々に，私も苦労しております。先生方も，いろいろ学級づくりで苦労されていることでしょう。今からは，お答えできる範囲でお答えします。算数授業と学級づくりというテーマでご質問やご意見をいただきたいと思います。

　参加者H：今，5年生を担任してまして，高学年の女子の指導について質問が2つあります。

　1つは，ほめることを意識しているのですが，自分の意識不足で，だんだんほめることが当たり前になってくると，ほめることが減ってきてしまいます。いい状態が当たり前になってしまって，それはとっても素晴らしいことなのに，まだ言えていないことがあるなあと思いながら，先生の話をお聞きしていました。いま先生からは，学級の最初の話をお聞きしましたが，長いスパンの中で，例えば2年間連続で担任をするというような場合のときには，どういうふうにほめることを心がけていますか。これが1つ目の質問です。

　もう1つは，女子をほめると，4月の最初の頃は笑顔で喜んでくれて反応があったのですが，だんだんと「あっ，はい」みたいな……（笑）。女の子も，たぶん喜んでくれているのは感じるのです。でも，あー，だんだんとこうなっていくのだなと，男性教師として寂しさを感じます。女の子に対しての先生なりの指導の仕方があれば，うかがいたいと思います。

それは得意分野です（笑）。ところで先生は，どのようにしてほめますか。具体的な場面を教えてください。

参加者H：大きくは2つで，1つは直接的に，会ったときに本人にほめることと……。

　どこで？

参加者H：個人的に呼んでほめることもありますが，みんなの前でほめることもあります。

　その使い分けを意識することが大切です。実は人前でほめられるのがいやなタイプの子どももいるのです。特に上の学年になってくるとね。先生からほめられた後の休み時間，えらく辛い目にあうことがあります。「あなたはいいわねえ，気に入られちゃって」なんていう状況になるから，「先生，できるだけ人前でほめないで」という子もいます。でも，幼くて，もうみんなの前でほめてもらいたいという子もいます。
　また，ほめる内容によって，みんなには聞かせないほうがいいこともあるでしょう。だからケースバイケースで変えなければいけないのです。
　これは配布した資料にも書きましたが，読んでみます。**声をかける，話しかける，目を合わせる，それもさりげなく，でも意識して。もう1つ。人前でほめるのか，さりげなく一人のときにほめるのか，タイプ別ほめ方を意識しよう。**
　それから，ここには書いていませんが，私は，**小刻みにほめる**ことも勧めます。わざわざ大上段に構えて「今日よかったよ」ではなくて，廊下ですれ違いざまに，「今日の発表よかったよ」という程度でいいのです。そのぐらいのことを繰り返すのです。自分の中に目標をつくるといいです。例えば「今週はこの子と仲良くなろう」とかね（笑）。先生と距離を置きそうなタイ

プの子でもいいですよ。それから授業中になかなか発表できないタイプの子。話ができるようにこの子を育てようとか，ターゲットを絞ります。みんなの前でそれをやるとえこひいきと言われますから，廊下ですれ違ったときにでも「今日の発表よかったよ」とひとこと言ってすぐに去るんです。しつこくしない。しつこいのは嫌われますから（笑）。さりげなく。子どもが「ああ，私のことを見てくれているな，小さな前進を認めてくれているな」と思う。「君，なかなかいいこと言ったね」ということも大げさにほめると，「ああ，うざったい」と言われるようになるので，ヒット＆アウェイで，つかず離れず小刻みにほめます。

　もう1つ大切なのは，「来る者は拒まず，去る者は追わず」です。逃げている子を「おいでおいで」とやると嫌われますね。だから，これもキーワードです。来るのは，ほっといても来ますからね。

　もう1つ，女の子たちの垣根を崩すのは，男の子と仲良く遊ばせることが大切です。高学年ではさんざん男女で遊びをやるんですよ。例えば手つなぎ鬼。うちの6年生なんかは，男の子と女の子が朝から手つなぎ鬼でぎゃあぎゃあ騒いで遊びます。必ず，男子女子で鬼をしなければいけないというルールにしています。例えば，男女ペアで3人目に男の子を捕まえたら，4人目は絶対女の子しか捕まえられない。次に新しく鬼になるときは，最初のペアを崩していく。だから，どんどんペアが変わるんですね。固定してしまうといやになるときもありますから，子どももどんどん相手が変わるのだと思うと安心して楽しめます。ときには女の子が「ねえ，あの男の子を捕まえて」なんて言っていたりします（笑）。その子と手をつなぎたいんですよ。

　でも，男女が手をつないで遊

ぶなんてことは最初からはできません。先生に言われていやいや仕方なくやっているふりをしているのだけど，心の中で喜んでる子はいっぱいいます。「しかたない，いやだなこんな遊び」と言いつつ，「先生，手つなぎ鬼やらないんですか」なんて言う（笑）。

　また，授業中も男女でいろいろなペアをつくって活動させます。例えば問題の解き合いをするとか。今度，学習指導要領に説明活動が入ってきましたけれど，例えばこの列が女の子でこの列が男の子だったら，私が「女の子立ってごらん，1つ後ろにずれなさい」と言って相手を変えた説明活動をさせてみる。さらに「いま説明したことを今度は前に戻ってお話ししてごらん」とやる。ともかく必ず男の子と女の子の交流をたくさんさせます。その男女の垣根が崩れると，子どもの雰囲気がよくなります。

　男の子と女の子の距離を離すとだめですね。この小学校の年代というのは，女の子のほうが精神的に上ですし，彼女たちには母性があります。女の先生の前で言うと怒られますけど，母性本能を上手く利用するんです。男の子だけだとね，年齢が1つ下の集団のようになってしまうのです。東京のほうでは，女の子が受験で私立の小学校へ行ってしまう。女子校が多いですから。そうすると，男女のバランスが崩れて，男の子が20人，女の子が10人というクラスがあったりします。男の子が多いクラスは，どうしてもがさつになってしまう。逆に女の子が多いクラスは落ちつくんです。お母さんがいっぱいいるようなものですからね。

　うちのクラスの女の子も，4年生のときはわんぱくな男の子たちに我慢できなくて，毎日のように文句を言いにきていました。私は「まあまあ，あいつらもそのうち成長するから，あたたかい目で見てやってくれ」と言ってました。男の子たちには，「ちょっと来い。できればあの女の子の前では騒がないで（笑）。こっちの女の子は心が広いからな」というふうにして，裏で両方と駆け引きをして，両方に味方になっていると思わせておきました（笑）。女の子たちが「ま，しかたがないね」というふうに世話をしてくれるようになったら，もう大丈夫ですね。

先生と子どもとの関係も大切ですが，クラスの男の子と女の子の仲をよくすることもとっても大切です。だからそのためのゲームをいっぱいやるんですよ。そういうゲームのポイントは，必ず体が近づいたり一部が触れたりする遊びにすることですね。
　今，その資料には，えんぴつ対談のことも書いてあります。よく男の子と女の子でやらせるのですが，メールでやりとりするように，紙とえんぴつで会話をさせます。大人がやってもきっと楽しいですよ。隣同士で，最初に書き出しを決めます。男の子に「ねえ，昨日，家に帰って何して遊んだ？　と書きなさい」と言います。男の子から先に書くことがここのポイントです。なぜかというと，男の子のほうが照れ屋が多いので。女の子が「ねえ，昨日何して遊んだ」と書いて男の子が答えはじめるというようにするとうまくいかないことが多いです。だから最初の書き出しを男の子に書かせておいて女の子に渡すと，女の子はちゃんとストーリーをつくってくれる。それで「はいっ」と返してきてくれると，男の子も素直にそこに書けるんです。これも非常に微妙なバランスですね。最初は顔を離してやっていたのが，だんだん顔を近づけて書きながら，クスクスと笑いながら楽しむようになる。5分ぐらいすると，そこにたくさんの会話記録が残ります。それで「けっこう楽しそうだったね。前のグループはどんな話をしてたんだと思う？　ちょっと見てみようか」とその記録紙を1枚後ろに回す。すると前の会話を見ることができるので，またそれを話題にして後ろの子が対話を続けるというようなこともできます。
　これは授業にも使えます。授業中いつも音声だけで発表させるのではなくて，グループで1枚の紙に向かって書き込みながら話をするというようにして使うのです。話し合いの記録が全部残りますからね。
　いずれにせよ，男の先生の場合は，同じクラスの男の子とその女の子の距離を近くすることが，間接的に先生と女の子の関係をつくることになるでしょう。
　以上で第Ⅰ講座を終わります（拍手）。

田中博史プレミアム語録

- ◆ 友達を心配して目で追ってくれる子をほめてやる。
- ◆ 学級開きは触れ合いから始める。とにかくスキンシップ。
- ◆ ほめるポイントは，先生を超えることの価値観を伝えること。
- ◆ 子どもが自分たちで決めたことは，自分たちで修正することができる。先生から「こうしなさい」と言われたことは，その先生がルールを変えてくれない限り，変えられない。
- ◆ しかるポイントは，トラブルの前後の出来事をよく見ること。
- ◆ 子どものトラブルは神様がくれたいいチャンス。
- ◆ 子どもの研究をすることは，まずしっかり子どもを見て歩くこと。
- ◆ トラブルを意識的に仕組むと，子どもの動きを見ることができる。
- ◆ ほめるときのコツは，声をかける，話しかける，目を合わせる，それもさりげなく，でも意識して。そして，小刻みに。
- ◆ 人前でほめるか，さりげなく一人のときにほめるか，タイプ別ほめ方を意識しよう。
- ◆ クラスづくりは，先生と子どもとの関係も大切だが，クラスの男の子と女の子の仲をよくすることも，とても重要なポイント。

参加者の感想

鈴木　祐子　　　静岡県浜松市立可美小学校

普段の研修会ではなかなかお聞きできないことなので，ともてよかったです。教師の手の内に，子どもたちを入れるコツが散りばめられていて大変参考になりました。どの学年でも，どのような学級でも使えるのが，何よりいいです。

真鍋　神明　　　山口大学教育学部附属山口小学校

田中先生のお話をうかがって，自分の「子ども研究」の浅さを痛感しました。日々のトラブルを本質的に見抜いたり，クラスの成長のチャンスととらえる視点が自分にないことに気づきました。もう1つは，田中先生の子どもたちとの距離感が絶妙なことにいつも感心するとともに，自分に足りないところなので，ぜひ「さりげなく」を自分の行動や言動に取り入れられるようにしたいと思いました。

遠藤　芙紀子　　　島根県雲南市立斐伊小学校

学級づくりの中にも，いろいろな場面で算数の要素を組み込んでいくことができるんだなと改めて感じました。そんなチャンスを逃がさないように，日頃から自分のアンテナを大きく広げ，敏感にし，さらに算数の要素についても考えていきたいと思います。日々の忙しさを言い訳に，休み時間などの子ども研究をおろそかにしていた……と反省しました。楽しく，意欲的な集団をつくる努力を惜しまず，月曜から再始動！と思っています。

Y.S　　　山口県

教師が日頃から子どもたちの様子をよく見ておいて，指導に生かすこと，男女の距離を近くする方法など，具体的な学級づくりの方法を教えていただき，とても参考になった。指導をするとき，数を入れるとよく動くこと，そのときの数やルールを子どもたちに決めさせると修正できる子に育つということも，とても参考になった。パターンブロックのやり方を友達と比べる方法も，これからの算数科で必要な力だと感じた。

水谷　隆之　　福岡県福智町立市場小学校

改めて，学級づくり，集団づくりが教育活動の基盤になると感じました。自分の集団づくりの方向性として「素直に子どもらしく」「わきまえて大人に振舞う」の両方を目指したいのですが，特に"素直に"の部分に困難を感じています。

藤原　祐子　　山口県防府市立大道小学校

5年生の担任をしています。最近，子どもたちのできていないこと，マイナス面が気にかかっていました。田中先生のお話を聞き，気づかなかったのは自分だったと反省しました。まず月曜日に名簿を持って，ウロウロしてみようと思います。もう一度，新しいクラスに出会ったときのように，毎日をていねいに積み重ねたいと思いました。

M.M　　広島県

学級づくりのエッセンスがたっぷりつまったお話で，とても参考になりました。特に，子どものよさを見つけるために，トラブルを仕組むということは，今までにしたことがなく，ぜひ実践してみたいと思いました。子どものよさが引き出されるように，授業づくりと同様に，子ども研究が必要であることに，改めて気づかされました。名簿を片手に，学校探検をしてみようかと考えると，わくわくしてきます。

藤田　美紀　　長崎県

学級経営では，悩むことも多いのですが，子どもたちとの出会いのポイント，子ども理解のポイントを楽しく，実践を交えて教えていただきました。小さな一つひとつのことを考えて仕組んでいくことの大切さ，子ども理解につながることを改めて実感しました。

田中博史の算数授業のつくり方

講座 II　1・2・3年生の算数授業づくり

子どもたちにあたかも自分たちの
力で，解決したように思わせる，
それが授業を仕組むということ

1・2・3年生の
　　数と図形の学習

講座Ⅱでは，1・2・3年生の算数授業についてお話しいたします。

■　低学年算数の1時間の授業構成

低学年の子どもが喜ぶ算数授業のパターンの1つを黒板に書きました。

低学年の子どもは，とにかくゲームが好きです。ゲームをやらせておけば，45分だろうと60分だろうと楽しんで活動を続けます。それから，とにかく話をしたがります（笑）。聞くのはいやだけど話はしたい。だから，自分が手を挙げて人に話を聞いてもらいたいのだけれど，だれかがあたった瞬間に「あーあ」と言うんですね。それから絵を描くという作業も大好き。テストのときに，早く終わった子に「裏に絵を描いてごらん」と言えば，ずーっとやっていますよね。ともかく，体を動かしている時間が好きな時期です。高学年と違うのは，繰り返しの作業を飽きずにやる，という動物的な面があるところです（笑）。これらを算数の授業では上手く生かすといいと思います。高学年の子どもの場合のように，お互いが説明したり話し合ったりする授業を低学年で長くやっていると，疲れてしまいます。

それでは低学年の算数の場合について，もう少し具体的に話していきましょう。

オープニングで，例えば何かのゲームをしたとします。それは，ゲームの中身を伝えるということを目的に，教師対子どもでやる，ということが多いです。そのときに，**何かトラブルが起きるように仕組んでおきます**。そうすると，そのトラブルをみんなで一緒に解決する話し合いが必要になってきます。

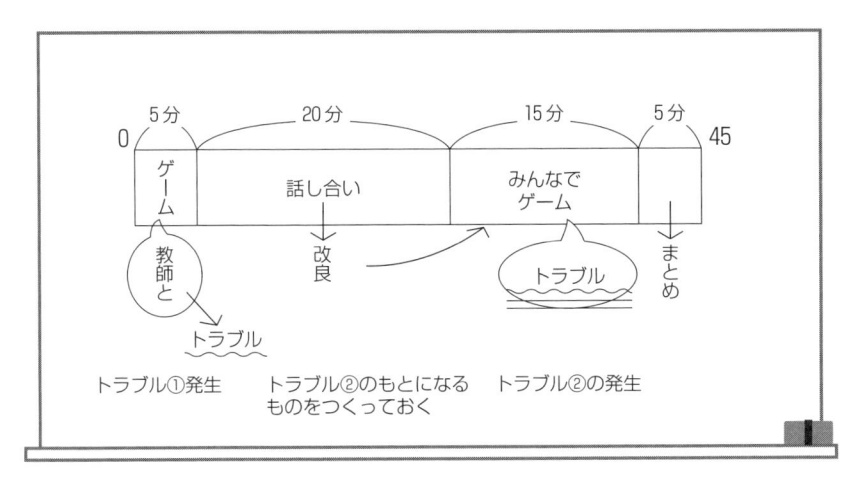

```
     5分        20分          15分     5分
  0 ┌──┬──────────┬──────────┬──┐ 45
    │ゲ│          │みんなで  │ま│
    │ー│ 話し合い │ゲーム    │と│
    │ム│          │          │め│
    └┬─┴────┬─────┴────┬─────┴──┘
    ⎛教⎞    ↓         ↑      ↓
    ⎝師と⎠  改良      ╱    ⎛トラブル⎞
      ↓              ╱      ⎝        ⎠
    トラブル

  トラブル①発生  トラブル②のもとになる  トラブル②の発生
                  ものをつくっておく
```

　ただし，その話し合いの時間は，1・2年生であれば，長くやっても20分です。それ以上やると飽きます。20分ぐらいで話し合いを終えて，このゲームの何か一部分を改良する。または，勝負に勝つためのアイデアなどを交換させる。その後，それを使って，今度はみんなでやってみようよというゲームの活動をさせるのです。

　でも，ここでは解決しないことを，1つくらいわざと残しておきます。それがみんなでゲームをやっている最中に，「先生，こんなときどうするの」という話題になって出てくるように仕組むのです。

　このパターンは，研究会でやっても一番やりやすいですよ。

　最初にゲームをやって，後半全部話し合いにもっていくタイプの授業をよく見ますが，ゲームはやたら盛り上がったけど，話し合いになると突然だめになったということがよくあります。逆に，最初に話し合いをやっておいて，後半ゲームにもっていくと，必ず参観された先生から，「考える場面がなかった」と言われたりします。やはり後半に何かがないと，参観してる先生たちがあまり「勉強した」という気持ちになってくれない傾向があります（笑）。だから後半にもトラブルが起きるのを仕組むというのは，研究授業でも大事なポイントなんです。

では，先ほど配ったパターンブロックを使った例を，先に1つ紹介しましょう。

■　パターンブロックで，ゲームをしながら図形の学習

NHKの教育テレビに出演していた頃，このパターンブロックを使ってじゃんけんゲームをするという遊びをよくやっていました。

どのようなものか，実際に先生たちとやってみましょう。グーで勝ったら緑の正三角形が1個もらえる。チョキで勝つと，青のひし形が1個もらえる（緑の正三角形2個分）。パーで勝つと赤の台形が1個もらえる（緑の正三角形3個分），というゲームです。テレビでご覧になった方もいらっしゃると思いますが，ちょっとやってみましょう。では，先生，一番前にいるから不幸だと思って，前に来てください（笑）。

では，最初はグー，じゃんけんぽい。はははは。こういうときは素直に喜んだほうがいいですね（笑）。最初はグー，じゃんけんぽい。今日は調子いいですね。全部勝てそうな気がする（笑）。

（じゃんけんをしながら，ブロックを取り合う活動を参加の先生と楽しむ）

◆　仕組んでおいたトラブル1の発生

実は私はずっと，グーをドラえもんのように出し続けているんです（笑）。するとずっと台形ブロックが取られるのでそのうち「あー，もうもらえる台形ブロックがない！」という事態になります。先生が「ないときはあきらめる？」と言っても続けようとします。このとき，教師が「足りなくなったけれど，実はいい工夫があるんだけどなあ」と言ってしまうとだめです。「先生は，何か先を知ってるぞ！」となるとおもしろくないからです。やはり子どもが自分でアイデアを生み出してくるところがおもしろいのです。

ところで，先生方ならどうしますか？　もう赤の台形のブロックはないですよね。

参加者A：他のものを……。

他のものですか。それはだめですよ！（笑）何か理由がありますか？

参加者A：せっかく勝ったんだし……。

何か欲しいですよね。でも，この緑の正三角形のブロックで我慢しますか？

参加者A：2つ……。

2つ？　欲張りですね（笑）。どれとどれを？

参加者A：青のひし形と緑色の正三角形を1つずつ……。

そうですね。こうして正三角形とひし形で台形がつくれることを発見します。そうなりますよね。でも今の会話を聞いていると，だんだんいらいらしてきますよね。皆さんの中には，「私に言わせてくれたら，すごいいいアイデアを言うのに」という気持ちになった人がいませんか。私がわざと話を聞き間違えたり，言っていることとはちょっとずれる，一歩低い解釈をしたりすると子どもはいら立つのです。「そうじゃなくて!!」「先生こうすればいいんだよ！」と説明したくなるのです。いずれにせよ子どもたちとやりとりをしながら次第にアイデアを引き出していくのです。これが最初のトラブル解決の場面です。

その後で,「なるほど,こういうことに気をつければいいんだね。では,みんなもやってみようか」と,子ども同士でゲームを続けていくようにします。すると,実はゲームの中で子どもは違うタイプのトラブルに出会います。

さてさて,どのようなトラブルなのでしょうか。ちょっと体験してみましょうか。先生方,パターンブロックはお持ちですよね。

では,4人組になってください。ブロックの数を,赤3つ,青3つ,緑4つぐらい出してください。

では,子どもの気持ちになってやってみましょう。
(4人組で活動をする)

◆ 仕組んでおいたトラブル2の発生

はい,皆さん。このお二人のところで先ほどとは違うタイプのトラブルが生まれました。どんなトラブルなのか想像がつきますか。

ちょっと,皆さんで考えてみましょう。今,こちらの先生は,緑の正三角形が1つ,赤の台形が1つ,これだけしか持っていません。たくさん負け続けたようですね(笑)。それで,こちらの先生が,いまチョキで勝ちました。つまり,ひし形がほしいのだけど相手はそれを持っていない。こうなるとさっきのアイデアでは解決できないですね。

どうしたらいいのだろう。このように,最初のアイデアでは解決できないことが必ずどこかのグループで起こるのです。これが実は2番目のトラブルです。

子どもたちが授業中に「先生,先生,できなーい」と言ってきます。「さっきの聞いてなかったの。あのアイデアでやればできたでしょう。ちゃんと聞いておくんだよ」と言って続けます。すると子どもは「いや,それじゃできないんだって」と騒ぎはじめるんです。「何があったの」と言って先のような問題を聞いてあげます。そうすると,なかには,「これをはさみで切っていいか」なんて言ってきますけれど(笑)。「それはだめ」。さあ,子ども

はどうするでしょうか。あきらめる？　そういう子はまずいませんね。実は低学年の子どもも，生活科などでお買い物の経験がありますから，「余ったときはおつり」という発想をもっています。この赤ブロック（台形）を相手から取って，自分のところから緑ブロック（正三角形）をおつりとして渡すパターンですね。これは，ひし形の青ブロック１個分を取ったことと同じになりますね。先ほどの合体のアイデア（青のひし形＋緑の正三角形）とは違うので，一歩高まります。その他，この赤ブロックを相手に渡して，「両替して」という子もいますね。「緑３つ分に替えてくれ」と。こういったアイデアをたっぷりとほめてやります。これで２つのことが解決できて，まとめができます。

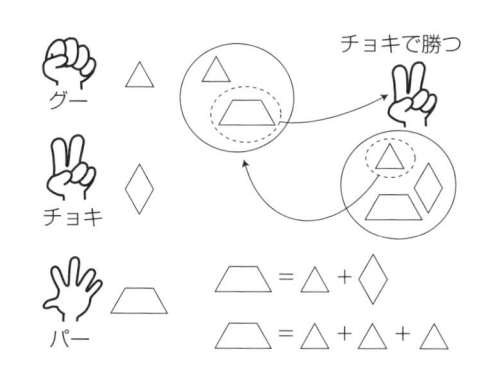

　実は，単にゲームで遊ばせているのではなくて，「１つの台形は，三角形３つ分である」「ひし形と三角形を合体したものである」といった図形の構成について学ばせているわけです。

■　プロの教師は仕掛け人

　パターンブロックのじゃんけんゲームは，子どもたちに「この形は何と何でできていますか」とダイレクトに聞く授業をやるより，子どもたちに自分で見つけたのだと思わせることができます。

　プロの教師なのだから，子どもたちにダイレクトに聞くのではなく，そういう話し合いが必然的に起きるように仕掛けをするのです。そして，あたかも子どもたちが自分たちのアイデアで，先生が困っているトラブルを解決したんだと思わせるようにします。先生が意図的に仕組むのです。子どもたちに「私たちのアイデアのほうがすごい」「先生が困っていてできなかったこ

とを，自分の力で解決したんだ」と思わせるように演出するわけです。子どもは自慢げに「ほら，こういうアイデアがあるでしょう」と語りたくなる。その場合，教師は本当に驚かなければいけませんよ。「へえ！」と。本当に驚いていない驚き方を，子どもはすぐに見抜きますからね（笑）。

　1つの方法としては，クラスの子どもの中の比較的，理解の遅い子の役を先生がやります。ある子が一回言ったことをすぐに理解して，先生が上手く説明し直すのではなく，わざと聞き間違えるのです。ちょっと理解の遅い子になって「こういうこと？」と尋ねてみると，聞いている他の子どもたちがいらいらとして説明したくなります。こうして，子どもたちの説明力を高めていくのです。

　大人が引き受けて，きれいに説明してしまうと，子どもは大事な場面のまとめを全部大人に任せてしまいます。これでは意味がありません。ていねいな先生は板書できれいにまとめて整理しますよね。私も学生時代，講義をいろいろ聞いていましたけれど，板書がきれいでまとめもきれいにしてくれる先生の講義は，終わり5分を聞けば，なんとかなるんですよ（笑）。それを全部写せば済みます。全部整理してくれていますから，考えるプロセスなんて全くいらなくなるのです。だから，もし先生たちが黒板にいろいろまとめたかったら，書き出しの文だけ書いて，「はい，続きは自分で書いてごらん」というぐらいにすればいいのです。そうすると子どもも頑張って途中で参加しようとします。

■　分数学習でもパターンブロック

　新学習指導要領で，小学校の2年生から分数が入ります。その分数の授業にも使えることを紹介します。

　この黄ブロック（正六角形）が1だとします。この赤ブロック（台形）は，$\frac{1}{2}$です。この青ブロック（ひし形）は$\frac{1}{3}$です。するとこの緑ブロック（三角形）は？　$\frac{1}{6}$ですね。こうすると分数の勉強の導入にこのパターンブロックを使うことができます。

高学年の子どもたちにも，このブロックを使って同じじゃんけんゲームをします。すると$\frac{1}{2}$を両替して$\frac{1}{6}$が3つ分になる。$\frac{1}{3}$は，$\frac{1}{6}$の2つ分であるなどの学習ができます。高学年でこのゲームをやっていると「ねえ，2年生のときにブロックで遊んだのと同じじゃないかな？」と言いだすでしょう。子どもたちにつなげていきます。学習指導要領でいうスパイラルな指導です。図形で勉強していたことが，数の世界とも合体していく学習ができるようになります。

■ イメージ九九トランプは図形と数を結ぶ

　では，次の教材を紹介します。いま配りましたのは，私が2年ぐらい前に開発したイメージ九九トランプです。これまでの通常のかけ算カードは，表に式があって，裏に答えが書いてあるだけのものでした。子どもたちがそれでかるた遊びをしても，数字しか目にしません。

　私は，数の勉強をするときも，図形的なイメージを育てたいといつも考えていました。そこで図形的なイメージを育てるために，このイメージ九九トランプを作りました。

　このトランプは，図形と数の世界を結ぶ学習がダイレクトに行えるものです。

　初期のカードは，写真のようにアレー図をシールで工作用紙に貼って，切り取って作りました。

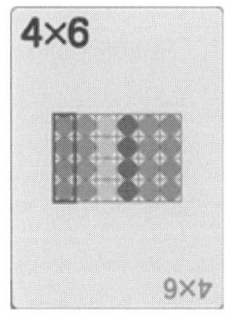

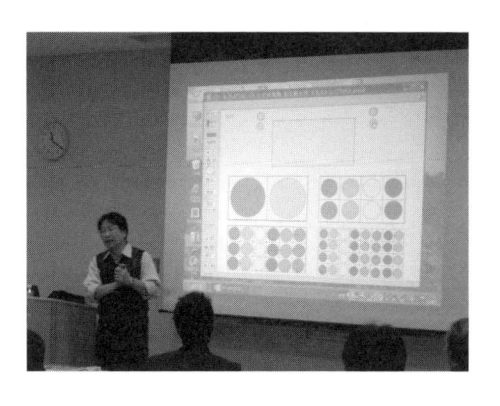

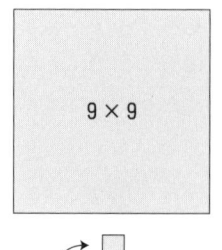

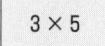

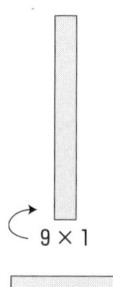

例えば，かけ算九九の9×9だとこのような大きなカードになります。1×1では小さなカードになります。裏には式が書いてあります。これを使ってかるた遊びをしていました。「3×5」と言ったら左のようなカードを探すことになります。「9×1」と言ったら縦長の棒のような形を探します。「5×5」と言ったら正方形を探すことになります。

　ただ単に数字を探すのではなく，子どもたちが式と形を結びつけられるようになれば，使える知識になると考えたのです。

　この実物大九九カードはおもしろかったのですが，教室でやると1×1がよくなくなって困ってました（笑）。でも工作用紙を切ればすぐにできるから，おもしろかったんですけどね。結局，片付けが大変，管理がしづらいということから，同じ大きさのカードの中に収めようということになって作り直したのが，このイメージ九九トランプです。

　このカードでかるた遊びをやると，アレー図のイメージで探そうとします。裏返しにすると，今度は同じ12でも，いろいろな形があるわけです。12という数は，3×4にもなるし，2×6にもなりますから。2×6は細長い長方形，3×4はちょっと太めの長方形です。

　今までは数字だけで探していましたが，「9×9」と聞くと，大きい正方形を探し，「1×9」だと，細長い長方形を探すようになる。こうした感覚が大事なのです。

　このトランプで七並べをして遊ぶこともできます。真ん中に×5のカードを並べて，その両側に置いていくだけです。かける数が1つ増えると，1列増えていくイメージがよく伝わります。計算ドリルなどによく「かける数が

1つ増えるとどれだけ増えますか」という問題がありますが，数字や式だけでは子どもたちに図形的なイメージや，量の広がりのイメージがないため難しいのです。

　このような遊びを通して，かける数が1増えると1列ずつ増えていくことを実感させることも大事です。ゲームの中で，子どもは無意識のうちに量を認識していきます。なにより楽しくできます。

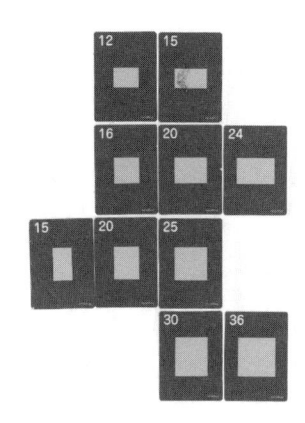

　計算ドリルなどに文章で「3×4と3×5は，3×5のほうが（　）多い」と書いてあります。カッコに何を入れればいいのかと子どもは悩みます。これは，文章が読み取れないという理由もありますが，イメージが全くわいていないのです。こういう問題にも強くなります。

　他にもトランプのババ抜きと同じ遊びをすることもできます。九九ですから，同じ数字が必ず答えにありますから，それを取り合って遊ぶわけです。何も考えないで持っている子は，ずっと，「5×5＝25」などを持っています。「なかなか来ないなぁ」と思いながら。でも25は1枚しかありませんね（笑）。そういうことにも気づかせることができます。

◆　イメージ九九トランプのよさ

　このトランプの裏には，答えの数字が左上に1か所しか書いてありません。なぜかというと，このように持つと数字が見えてしまってはババ抜きをしてもおもしろくないのです。数字のあるほうを下にして持つと，数字が見えなくなります（次頁の図）。だからゲームに使えます。これは，私のクラスの子どものアイデアなんです。最初は四隅に数字を書いていました（笑）。そのカードで遊ばせていたら，「先生，これちっとも楽しくない」と言われてしまいました。

これ以外にもこのイメージ九九トランプは，高学年の子どもたちに比の感覚を養うための遊びをするのにも使えます。
　数字を隠すように持って，長方形を見せて，「何×何」かを当てる遊びをするのです。試しに先生，どうですか？

参加者B：「三六，18」

　残念。はずれです（笑）。でもいま，辺の関係を見て考えてましたよね。つまり，比を感覚的にイメージしているのです。やっていると，子どもはだんだんこの感覚が鋭くなります。**同じ形を見抜くというのは，実は相似形とか拡大図，縮図の学習に必要な感覚**です。イメージ九九トランプを使ってこのような遊びをさせると，比の感覚的も育っていくのです。
　では，スクリーンを見てください。
　はい，これは何×何でしょう！　皆さん，考えてみましょう。これはわかりやすいですよね（笑）。

参加者C：「九九，81」

　九九，81。一番大きな正方形ですからね。はい，当たりです。おめでとうございます。
　第二問。これは，微妙ですね。子どもだと指を使って一辺

の長さを測ったりするんですよ。「何やってるの」と聞くと,「これがいくつ入るかな」とやっているのです。

では自信のある人。当たった人には本日イメージ九九トランプをもう一セット,プレゼントします。

> 参加者:「おお!!」

さあ,ないか,ないか。よし,はい,一番後ろ。

> 参加者D:「四八」

見てる角度によってちょっと不利な面もありますが,当たっているといいですね。

> 参加者E:「五三」
> 参加者F:「六四」

それぞれ言っていること,覚えていますよね。私,記憶にないですからね。他に。えっ,まだそんなにありますか?

> 参加者G:「七四」
> 参加者H:「七五,35かな」

なるほど。こうして子どもたちは感覚遊びをします。実際には,トランプの形を印刷したものを手元に渡して,子どもたちに形を測らせたりして考えさせ

ます。これは高学年の学習に結びつきます。

　では，今までの中に正解があるのでしょうか。6×4！（拍手）おめでとうございます。

◆　図形の拡大図，縮図にもつながる学習

　こうして形当てをするだけでも，図形の拡大図，縮図につながる学習ができます。もう一度見ますね。これは6×6，正方形はわりとわかりやすいですね。では，これはどうでしょうか。自分の勘が当たっているかどうか試してくださいね。これは4×3です。

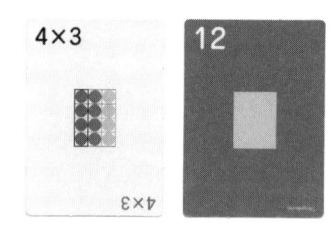

　この場合は，縦だろうと横だろうと本当はどっちでもいいわけですから，3×4でもいいわけです。そこで，このトランプのアレー図の左1列は黒く枠どりされています。皆さんの持っているイメージ九九トランプにも，その枠がありますね。太い線で囲んであるところがそれです。これで1つ分のほうを約束してあります。それのいくつ分かというように考えて，式を立てさせています。裏返してシルエットにすると，縦横どちらでも構わなくなります。この時点で交換法則の学習ができますね。では，最後の問題です。これは何×何でしょう？

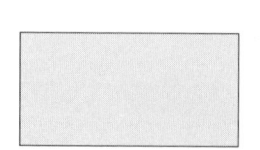

（会場ざわめき）

　え？　何かトラブルが起こりましたか？

　この図を見ると子どもたちと授業をするときも，「先生，先生，後ろが消えてるよ！」と，大騒ぎになります。私は，「後ろが消えていたって問題ないでしょう。あなたたちは今，黄色のところを見て考えていたんだから。黄色だけ見せればいいでしょ」と言います。すると子どもは「いやいや，それはまずい」と言い返してきます。「後ろの赤がこんなにでかいかもしれない」「いや逆にぎりぎりかもしれない」と口々に言ってきます。しかたないので，では縦と横の辺の関係

だけ教えてあげるよ,と言って2対1なんだと教えます。しかし,2対1だけを言われても,アレー図のパターンがいくつか考えられます。2×1,4×2,6×3,8×4というようにいろいろあるのです。

これは2×1,4×2というのがずーっと同じ形に見えますよという学習につながっていくのです。これが等しい比の学習につながります。低学年の学習だけに収まらず,高学年のいろいろな学習に発展していくことが可能なのです。

◆ イメージ九九トランプを使った学習例

では,ちょっと大人も楽しんでみましょうか。

まずは,九九を覚えさせる段階の使い方からやってみます。

5の段を全部持ってください。一人が1セットを使って練習します。

単純にかけ算九九を言っては答えを確かめるという練習です。大きめに書いてある黒い式のほうが上になるようにして持ちます。黒い数字を見て「五三,15」と言いながら,トランプをひっくり返します。すると,答えの数字が上にきます。次は順番をバラバラにしてやります。机の上でこの九九トランプをランダムに並べて,端から順に「五六,30。五三,15。五二,10。五四,20……」と言いながらひっくり返していくのです。かけ算九九の一人練習ができます。隣同士でお互いに見せながら,競争してやることもできます。

最初に子どもがテーブルの上に式のほうを表にして並べていますから,教師のところから見ると,全体が白いのです。それが,九九を言ってカードをひっくり返すとどんどん赤が増えていくので,子どもの進行状況が教卓のところから見ても,とてもわかりやすいというよさもあります。

では,今度はカルタをしてみましょうか。2の段と5の段を使いましょうか。テーブルの上に式が見えるようにばらばらに置いてください。

では私が,とるカードを言いますよ。5×3。どうでしょうか。いま数字だけで探している人は,できるだけ形を思い浮かべたほうが早いですよ。

ときには，読み手がこう言います。

「えーっと，では次は細長いのにしようかな」などと。子どもはある程度，勘を働かせます。そして間を置いて，「2×8」と言うのです。「よーし，次は真四角にしようかな」と言うと，「先生，大きい方？　小さい方？」などと聞いてきます。「小さい方」と言ったら，式を言う前に取ってしまう子もいます。「今，何取った？」と聞くと「2×2」と答えます。5の段と2の段だったら，正方形は5×5と2×2しかありませんからね。

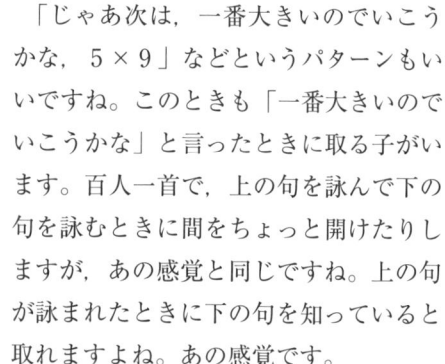

「じゃあ次は，一番大きいのでいこうかな，5×9」などというパターンもいいですね。このときも「一番大きいのでいこうかな」と言ったときに取る子がいます。百人一首で，上の句を詠んで下の句を詠むときに間をちょっと開けたりしますが，あの感覚と同じですね。上の句が詠まれたときに下の句を知っていると取れますよね。あの感覚です。

私のクラスでは百人一首をやるときも，だんだんとバージョンが上がってくると，その詠み人，作者の名前を言って，「この人の作品にしようかな」や「絶世の美女といわれた人の句にしようかな」とつぶやくのです。その予備知識がある子たちは，その時点で，もうどんどん取れるわけです。

子どもたちが，数にいろいろなイメージをもってくれることがいいのです。これは活用力の源となるものです。**式や数**

にいろいろなイメージがもてる子に育てておくことが非常に大事なことではないかと考えています。

それでは実際に，近くの4人でゲームをしてみましょう。だれか一人のイメージ九九トランプを使います。私はこのトランプを日本の標準規格の机で，1の段から5の段までが全部並ぶようなサイズで作りました。全部並べるには机を2つくっつければいいわけです。

まず，教室でするゲームを再現します。かけ算の九九のかるたは，どの教室でもやられていますよね。そのとき，得意な子と苦手な子がて，全然取れない子もでてきます。

そこで私は，読み手を交代させることにしました。読み手になったときは，取れないというルールにすると，取ることができるのは3人だけになります。九九の得意な子が読み手になったときは，他の子にチャンスがあることになります。

もう1つの注意点は，聞いている子も練習にならなければ意味がありません。例えば，「五三」というと，取るほうは「15！」と言って取るようにさせるのです。すると，かけ算の唱和を他の子は同時に聞くことになり，練習していることになります。ただ「はい」と言って取るだけだと，取れる子だけの勉強になってしまいますから，他の子が勉強するためにも，声に出すということが大事です。

では，子どもになったつもりでやってみましょう。

（読み手の「細長いのにしようかな」などという声が聞こえる）

ははは，なるほど。素晴らしい。すでに工夫されてる方がいますね。

参加者：（気合の入った声で）「大きいのですか？」
参加者：「取れない！」
参加者：「はやーい！」
（参加者が楽しそうにゲームをしている）

　いい学級ができてますね。

　こうするとお互いが，「二二，4。二三，6」と言葉を言って覚える時間と同じ効果があるわけです。また「四三」と聞いて頭の中で「12」と言いながら探しているので，その間はずっと頭の中で唱えていることにもなります。

◆　九九と式との違いを教えることも大切

　子どもたちに，九九と式との違いを教える時間も必要です。九九というのは「うた」です。「4×3」と式を言わなければいけないときに「四三」と答えてはだめです。式と言われたら「4×3」と答えるようにと，その違いをきちんと教えます。ゲームのルールで「式を言って，同じ答えをつくりなさい」というパターンもやらせます。逆に「九九を言って，その答えになるものを探しなさい」というパターンもさせます。算数の言葉の正しい使い方を身につけさせます。

　さて，今度は残っているカードを裏返しにしてください。黄色い形だけになりました。今度は，結構大変ですよ。式を言って，その式の答えになるカ

ードを探します。先ほどのルールで，読み手が「2×9」などと式を言って，他の人が取るということでやってみましょう。

　今やってわかったと思いますが，実は読み手も考えますよね。読み手が「今，机の上にあるあのカードはどんな式になるだろう？」と考えます。これも意味があります。アレー図を表にしているゲームでは，読み手は全然考えていませんでした。しかし，今回は読み手が自分で数字を見て考えないといけません。正直なタイプの子はじーっとカードを見ていますから，どのカードなのかすぐわかりますけどね（笑）。

　九九ですから，1つの答えを言って，いろいろな式があるよと取らせたい場合もあります。この場合は式の面，つまりアレー図の面を表にします。そして答えを「18」と言ってそれになるものを探すというようにするわけです。そうすると複数枚取れるというゲームも生まれてきます。

　子どもに遊びを任せると，いろいろなルールをつくって遊びます。その中にたくさんの算数の学びが入っています。最初の1つか2つ，先生が子どもにルールを教えて，「後は自分たちで変えていいよ」とすると，子どもの中に新しいルールが生まれて楽しめることになります。算数の力をつけることに，このイメージ九九トランプが役立つといいなと思っています。休み時間などにもぜひ遊ばせてみてください。

イメージ九九トランプ
問い合わせ先：新学社　℡075-501-5425

1・2・3年生の文章題指導

■ 文章題で考えるとは？

次に，文章題指導の話をします。

1・2・3年生の学習では，文章題が非常にたくさん出てきます。低学年のうちは，子どもたちは簡単だと勘違いして，得意になっているようですが，実は，高学年になって算数ができなくなる子の多くは，低学年から考えることをしていなかった子に多いのです。

実は，低学年時代は，考えなくても正解になってしまう問題が多いのです。たし算のときはたし算ばかり，ひき算のときはひき算ばかりです。子どもたちは何も考えなくても，文章題は○になります。市販のテストには「たし算」とタイトルが書いてあります。そこに出てくる文章題がたし算以外のはずはないんです（笑）。

このような体験ばかりしてきた子どもたちが，高学年になってだんだんわからなくなっていくのは，小さい頃から，考えることをさせてこなかった授業に原因があると考えています。そこで私は，子どもたちが今，算数の時間に学んで出会う文章，それから絵，図や表やグラフ，式，こういったものを，大人がどのようにしてイメージをリンクさせていくのかを考えました。例えば，次のような文章題を考えさせてみます。「船が5そうあります。1そうに4人ずつ乗ることにします。」このような問題文になっていると子どもは必ず式を間違えますよね。「5×4」と書きます。今まで文の中に出てきた順番に数を使って式を書くだけで，ずっと丸をもらえていた子たちは，必ずこういう問題で引っかかります。

ところが，この前2年生の子に聞いてびっくりしたことなのですが，「そ

ろそろ式は反対に書かなきゃいけないころだ」と言うんです（笑）。「何で？」と聞くと、「プリントは、後の方になるとそういうふうにしないとバツになることが多い」と言うのです。そういえばそうですよね。まとめのテストの文章題の終わりは、必ず式が逆になる場合の問題が多いのです。まあ、統計的にみる力は素晴らしいものがあるかもしれませんが（笑）、それではやはり意味がありません。

　そこで、この文の後に「何人乗ることができますか」と聞くのを一度やめて、絵にしてみようと指示をします。絵にすることでイメージ化させるのです。**文章題は読んだら絵にさせます。絵にするところが考えるところです。**正しく絵が描けたら、文章を読み取っていることになります。読み取った絵を見て式をつくるところは、教えていいと思います。「この場面を、このような式に書くんだよ」と教えます。**算数の式は外国語と一緒で、子どもにとっては新しい言葉ですから、教えなければいけません。**

◆　文章題を扱うこれまでの授業との違い

　今までの算数の授業では、文章を読んだらすぐに式にしていました。だから、つくられた式がちゃんと読み取ってつくった式なのか、いい加減に書いてつくった式なのか、採点する教師にはわからなかったのです。でも、一度絵にさせれば、ちゃんと読み取っているかどうかがわかります。その絵を式にします。いずれは、この3つの関係がきちんとリンクして成り立つことを我々は求めていくわけです。**この相互関係が成り立ったときのイメージ力が、今後、活用できる力になっていくだろうと思います。**これは、先ほどのイメージ九九トランプの話のときにも言いました。

　やはり数に図形のイメージをもつ、子どもが自分なりのイメージに置き換えるということが、他の場面でも使える力になります。

　低学年の文章題指導で、私が「絵に描くことをいっぱいやらせましょう」と言うと、ある先生が次のように言いました。「確かに絵に描くときはとても楽しそうですが、どうも図工をやっているような気になって不安です。こ

講座Ⅱ　1・2・3年生の算数授業づくり　063

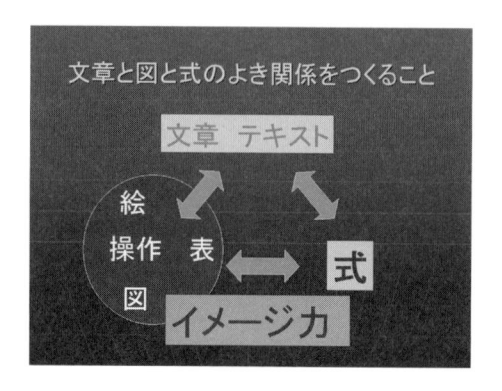

れで算数といえるのでしょうか」と。

「子どもが大作の絵を描き，いつまでたっても抽象化しません」と言うから，「本当にたくさん絵を描かせていますか」と私が聞き返したところ，それほどたくさんは描かせていないのです。文章題を読んでは絵に描く。たくさん描かせる。それだけでいいんです。式や，答えを求めさせないで，お話を読んだら絵に描くことをいっぱいやらせると，子どもはそのうちに飽きてきます。その典型がこの写真です（笑）。

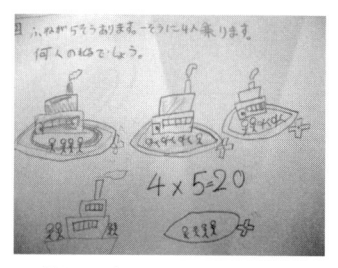

「船が5艘あります。1艘に4人乗ります」というお話です。

1艘目は，頑張って描いたんでしょう。青で色をぬり，4人の人間が立っているのがわかります。2艘目をご覧ください。ほら，色が変わって，人間が寝そべっています（笑）。3艘目。色がなくなりました。おそらく，色をぬるのに飽きたのだと思います（笑）。4艘目。全く違うタイプの船です。これは，同じタイプの船を描くのに飽きたのですね。そして5艘目（笑）。これ，途中じゃないんですよ。「どうしたの」と聞いたら「うん，もういい」という返事でした（笑）。このような絵になっても算数ではいいんだよと教えてあげるのです。これで十分だよ，と言ってあげればいい。

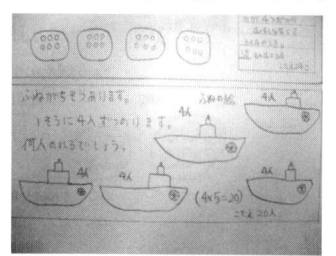

次のノートは，女の子の場合です。女の子はやはり心が大人でして，絵だけではなくて，その中に「4人」とだけ書いてあるんで

すね(笑)。でも,これでちゃんと場面の状態を把握しています。

このように描いたのに,もし式を「5×4」と書いたとすると,この子は読み取りができないのではなくて,式の意味を間違えて覚えているだけとなります。治療するところが変わりますよね。

式を「5×4」と書いた子どもに「ちゃんと文章を読んでごらん」といくら指導してもだめです。この子は逆に覚えているわけですから。絵が図にできたら,その後で算数の言葉に表し直して「4×5」と書くんだよと,ここは確認していいところです。「こういう絵のことを4×5と言うんだよ」と教えるのです。

◆ 文章題に強くなるためには

現場は時間があまりないから,正直「絵を描け」という活動をずーっとやってはいられないですよね。

私は最近『算数の力』(文渓堂)というドリルを開発したのですが,この中には,左側に文章が並んでいて,右側は絵になっていて,これを,線で結ばせるページをつくってみました。大人でも思わず考えてしまいますよ。

次のページは絵を,式と結ばせるものです。

この2段階で文章題指導をやっていくのです。こうすることで,子どもが本当に文を読み取っているかどうかがわかるようにしました。

ドリルの中には,絵を描かせるページもあります。でも最初は見本の絵を「なぞるのでいいよ,なぞって絵を描くのでいいよ」と言うようにしています。まあ,1問ぐらいは描かせたいですね。だから一番最後の問題のところには,入れ物だけ書いてあります。中身は自分で決めさせます。こういった小さなステップで子どもたちに絵を描く力をつけていこうというのが,このドリルノートの特徴です。

これも今日プレゼントしますからね。高学年用と低学年用と両方入っています。

低学年のドリルを見てもらえますか。では,ちょっとやってみましょう

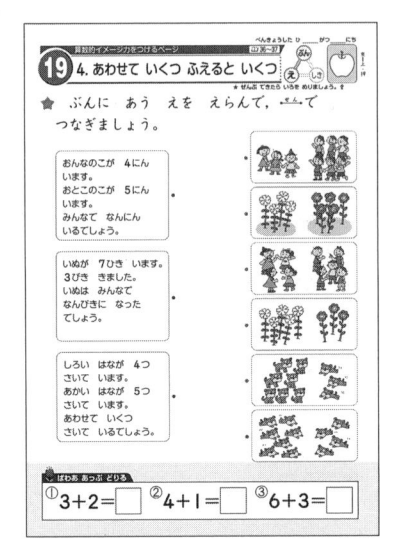

『さんすうの力　1年上巻』文溪堂

か。

　はい，ストップ。今，自分の目が行ったり来たりしたの，わかりましたか。大人でも，読んでおいて，見て，また1回確かめたでしょう？　この作業を子どもにさせなければいけないのですよ。子どもが読むということは，そういうことです。子どもの目がこう動くところを見てほしいのです。子どもはそのとき，一生懸命に文の中の要素を読み取ろうとしているわけです。機械的に，「わかっていることは何ですか。尋ねていることは何ですか」と聞いても，子どもは真剣に考えません。やはり子どもが読まざるを得ない状況をつくるという意味で，こういう絵の選択肢は有効です。

　先ほど言った，文章を読んだら絵にすることを普段やると，子どもの作品がいっぱい残ります。それをこのドリルのように選択肢として使うこともできます。いくつかの種類の絵が残っているわけだから，その絵を貼って，そのときにやった問題文のどれかを読んで「さあどれでしょう」とやれば，ドリルと同じ役割のものができますね。

　では，今度は，絵と式を結ぶものです。

　絵に描くことができたら読み取ること

ができたと判断していいと，私は言いました。絵に描いた瞬間に文章を自分のイメージ化したことになります。

次は式に結びつける段階で，子どもが式の意味がわかっているかどうかをチェックすることができます。子どもたちが1つの正解にたどり着くまでの小さなステップですね。それを見てやろうとすると，ちょっと優しい気持ちになれます。「ああなんだ，この子，文は読めているじゃないか。式が書けないのは，私が意味をちゃんと伝えることができなかったんだな」と気づけます。また，「この子は文を読んで絵に描くことはできないけれど，絵を見て式と結ぶことはできている。ということは，かけ算の意味はわかっているな。この子には読解力というか，文章を読んでイメージさせることをたくさんさせなければいけないな」ということにも気づけます。

子どもによってやらせる場所が変わってくるようになります。

もちろん最後は自分で絵や図をかけるようにしていかなくてはなりません。このドリルには，右のように，そのためのページもあります。

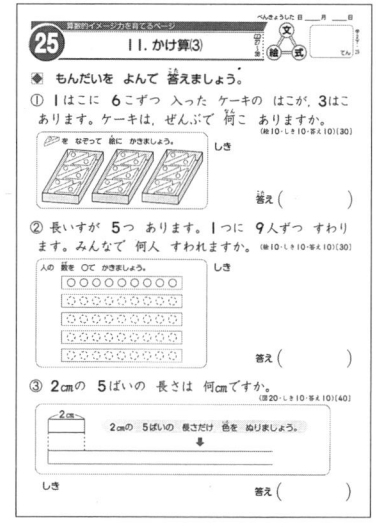

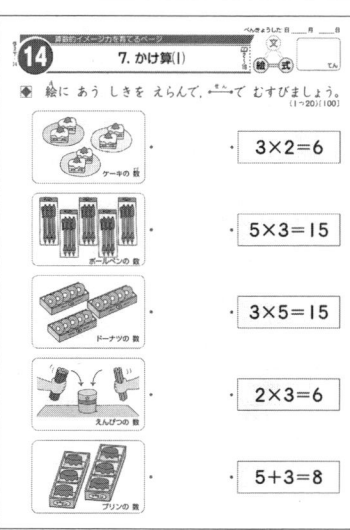

『さんすうの力　2年下巻』文溪堂

1・2・3年生の指導Q&A

■ イメージができるのに，抽象化できないという子どもへの対応

> 参加者Ⅰ：結びつけるようにと話をされていましたが，絵が描ける子であっても，線分図やテープ図と結びつけられない子がいると思うのですが，どうしてでしょうか。

　素晴らしい質問ですね。絵に描くことができても，今度はなかなか図にならない。その抽象化のステップの問題ですよね。先ほどの絵の抽象化のステップの次が，今度は図の抽象化ですね。そこに，テープ図という位置づけができます。

　図というのは2通りありまして，1つは，人間が物事を考えるために描くもの。もう1つは，考え終わった人が説明のために描く図です。

　教科書などの図は，ほとんどが説明のための図です。つまり，よく中身がわかっている大人が子どもに考えさせるときに，説明するために使っている図なので，きれいに整理されています。あのきれいに整理された図を最初から子どもが描けるわけがありません。

　だから最初は，例えば「りんごがこれだけあって，後からみかんをもらって」という，こういう図でいいわけです。

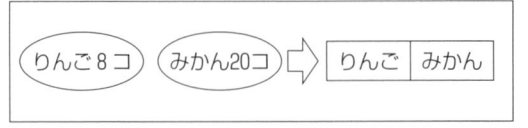

　りんごが8個で，みかんが20個だとしても，大きさのバランスはどうでもいいのです。とりあえず，こう

いう図と，きれいに描かれているこの図が同じなんだということの理解が，子どもにはできないわけです。これをまず結びつけてあげないといけません。
　そこで，これも私が開発した3・4年生のドリルに載っているのですが，今度は左側に絵があって，右側にテープ図がある。つまり，具体的な絵と抽象的な図を結ばせるというのをやります。
　その次のステップは，こちらを文章にして，こちらをテープ図にして，結ばせることもやります。3番目のステップとしては，テープ図を見て，文を考えるという練習をさせます。

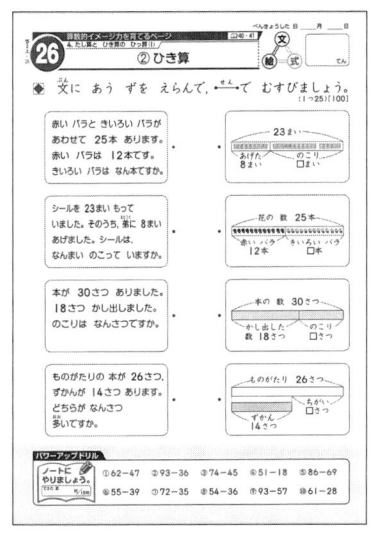

『さんすうの力　2年上巻』文溪堂

　高学年で，表から問題文をつくる活動は講座Ⅲでやる予定ですので，そのときに紹介しましょう。
　『さんすう忍者』（文溪堂）という子ども向けの本があります。この低学年版に，絵がだんだん図になっていくステップを，マンガでずっと解説しているものがあります。これも同じです。書かせるのではなくて，最初は「選ばせる」ということをやっています。最初から書かせると時間もかかりイメージがわからないので，ともかく選ばせます。選ばせる活動をしていくと，だんだんそのイメージが一致していきます。こういう場合にはこういう図を書けばいいんだな，と子どもが学びます。
　そのうち今度は，例えば，提示したものの中に正解がないものも与えます。「さあ，この文章題に合うテープ図を探しましょう」とやったとします。子どもたちは，どうもこの中には正解がないなと気づきます。そして，正解はなんだろうと聞いて書かせれば，それはテープ図を書く時間になります。
　しかしこの場合も，手がかりは必要です。何もないのに書けません。テー

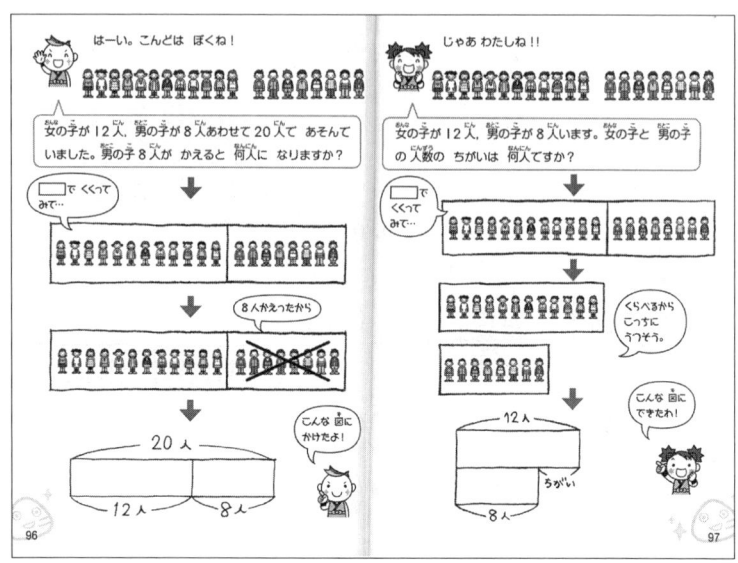

『わくわく さんすう忍者 入門編』(文溪堂)

プ図の見本の典型的なものが選択肢の中にあるわけですから，子どもたちは提示されているものを手がかりにして考えます。これらをもとにして，自分が一致するような図を見つける時間になります。当然，テープ図の書き方自体を教えるという時間も必要になります。

第1段階は，正解があるもので結ばせる，第2段階は正解がないときにそれを補うという授業を行います。これで図が書けるという頭脳になっていくのではないかと考えます。

■ 混乱する関係図と出会ったときの対応

参加者J：3年生で関係図を書かせるときに，下に何倍かが書いてあるので子どもがすごく混乱して，ちょっとわかりにくかったんです。図の使い方というか，秘訣があったらお聞きしたいです。

質問されてることは,「小と,中と,大とがあって,これが2個で,ここが3倍。ここが2倍。これはどうなるんだろうか」ということですよね。
　どうなっていれば,わかりやすいですか?

> 参加者J：上にあるとわかりやすいです。

　だったらそれはそう書いて構いません。
　この図やこの形式を教えることが目的ではないのです。これは,考えているプロセスを説明したいがために大人が作った図です。だから,矢印が下にある必要はないし,上でも構いません。倍のイメージは全部上に統合したい,下は量のほうにしたいと思えば,そちらのほうがいいですよね。子どものそばにずっといる先生たちのほうが子どものことはよくわかっています。この図の書き方だとどうもわからない,こちらのほうが子どもはわかってくれるのに,教科書では上下逆だなあと思ったら,変えたって構わないのです。 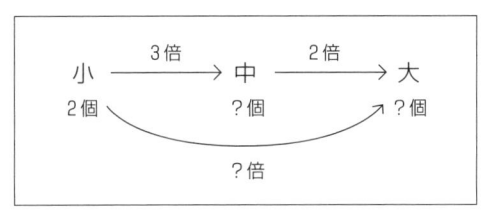
　ただ,時々,使う数字にはかなり工夫されていることがあるので,迂闊に数字を変えると,子どもの考えが混乱してしまうことがあります。教科書の数字や図は大事にしなさいとよく言われるのは,そういうことです。

　例えば,まず「2個で3倍したんだな」と言ったら「2個で3倍」と,図を書いてやればいいんです(図1)。そして次,「今度はこれを2倍したんだな」とまた書いてやればいいんです(図2)。
　「さて,この中にいくつあるでしょう」と聞くとします。子どもと授業するときにも,ここをわざと書かない(図3)。

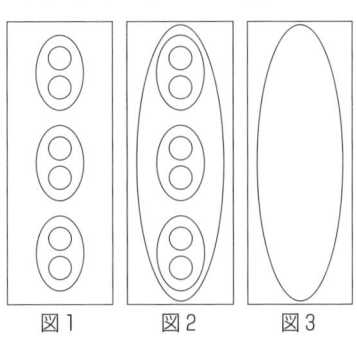

「さて，ここにいくつあると思う？　絵を描いてごらん」とします。これでちゃんと読み取っているのかがわかります。

　子どもと付き合うときに，ちょっとずつ距離を縮めていく感覚が必要です。磁石を上から操作したときに，突然近くまで持っていくと，すぐにぺたんとくっついてしまうでしょう。遠くでは，離れ過ぎていて全然動かない。どこまでおろせば物が動き出すかな，というこの加減を探すのです。どこまで言ったら子どもが自分で動き出すかを見極めることが大切です。

　これは，子どもによって違います。書き過ぎたり，言い過ぎたりするとだめな子もいるでしょう。

　先ほどは，私がわざと間違って書いたのですが，黙ってうなずいていてはだめですよ。子どもだったら必ず「先生，書き間違えてる」と反応してきます。「どこが？」と聞きます。このじれったい時間が子どもの理解を進めるのです。「だから先生，ほら，ここはこれと同じだよ」と言わせたいわけですよ。「え？　これと同じなの？」「だってこれを2倍するんでしょ」という会話を進めていくことで，先ほどの図を修正していきます。子どもたちは，先生がいつも完全なことを書いて説明しはじめると，もう受け身になってしまいます。先生は多少危ういところをもっておかないといけません。「あの先生に任せておくととんでもない説明をするぞ。よく聞いておかないと，どこかでミスをするぞ」という危うさを感じさせておく必要もありますね（笑）。

　例えば，「りんごが8個あってね」というときも，「りんごが8個あるでしょう」と言いながら，わざと7個しか書かないでおくんです。このとき，子どもが黙って写しているだけだったら，もうかなり人任せの子になっていることがわかりますね（笑）。

　私は国語の白石範孝先生の2年生のクラスを教えていますが，私が図を書きはじめたらみんなすぐにチェックしています。「いーち，にー」とうるさいぐらいに数えます（笑）。ポイントは，**先生がわざと間違え，子どもに修正させること**。その時間が，子ども自身の理解のステップにつながるんです。

田中博史プレミアム語録

- ◆ 子どもたちが自分たちのアイデアで,先生が困っているトラブルをあたかも解決したんだと思わせる。
- ◆ 大人が引き受けて,きれいに説明してしまうと,子どもは大事な場面のまとめを全部大人に任せてしまう。
- ◆ 黒板にいろいろまとめたかったら,書き出しの文だけ書いて,「はい,続きは自分で書いてごらん」というぐらいにすればいい。
- ◆ 1つの数や式にいろんなイメージがもてる子に育てる。
- ◆ 文章題は読んだら絵にさせる。絵にするところが考えるところ。式や答えを求めさせないで,お話を読んだら絵に描くということをいっぱいやらせる。
- ◆ 算数の式は外国語と一緒で,新しい言葉だから教えなければいけない。
- ◆ 文章,絵,式,それらの相互関係が成り立ったときのイメージ力が,今後,活用できる力になっていく。
- ◆ 図というのは2通りある。1つは,人間が物事を考えるために描くもの。もう1つは,考え終わった人が説明のために描く図。
- ◆ どこまで言ったら子どもが自分で動き出すかを見極めることが大切。
- ◆ 子どもたちは,先生がいつも完全なことを書いて説明しはじめると,受け身になってしまう。
- ◆ 先生がわざと間違え,子どもに修正させる。その時間が,子ども自身の理解のステップにつながる。

参加者の感想

西島　博　　島根県江津市立津宮小学校

かけ算トランプを最初は簡単だと思っていましたが，実際にやってみるとけっこう難しかったです。量としてみたり，答えを言って取るなど，自然に集中して取り組むことができると感じました。やはり体験が大切ですね。図の指導についても細かいステップで指導しないといけないことを教わりました。文章を絵や図で表すことをもっと取り入れていきます。

村上　美鈴　　山口県下松市立下松小学校

イメージを広げるということを九九トランプで実感しました。ゲームをする中でさまざまなことを考えている自分。これは子どもたちに考えてほしいことと結びついているなと本当に実感しました。ぜひ使ってみたいと思います。

田畑　裕平　　長崎県

イメージ九九トランプは，とてもいい教具だと感じました。バラバラにするときに間が少し残るのはなんとかしてほしいと感じました。低学年のときから，子どもたちに寄り添い，発言を大事にされている授業がなにより印象に残りました。

田中　茂秋　　島根県益田市立中西小学校

これまで，低学年に高いハードルで学習させていたと反省させられました。絵を取り入れて考えさせるところに光をあてられていることに，目から鱗でした。取り入れていきたいと思います。

西井　良介　　三重県名張市立薦原小学校

文章・図・式をリンクさせることが重要だというお話が特に印象に残った。低学年からのていねいな指導の積み重ねが高学年になって生きるということもひしひしと感じた。数と図形を結びつけた指導ということも念頭に置いて授業を組み立てていきたい。

飯田　美千　　島根県益田市立中西小学校

九九の学習では"目から鱗"でした。これは楽しい!! 私が楽しいのだから，子どもも絶対に楽しめる！ 今，繰り下がりのひき算をしています。第4時目で，それまでの減加法だけでなく，減々法がでてきました。うちのクラスでは，まずはじめにひき算のやり方を考えさせた時点で，両方出てきたので，2つのやり方をおさえたのですが，混乱してきました。あわてて減加法のみを徹底して練習しました。最後までどのように，いつ扱えばよいのか悩んだ単元でした。

奈良　真行　　大阪府豊中市立熊野田小学校

文章題を見てすぐに式を作ろうとするので，学期始めから絵を描くことをやってきています（現4年生）。そうはしても，テストは読み取れず，数字を並べて正解になるテストをしていることにとてもジレンマを感じています。自分一人ではなかなか思いを伝えても変わりにくいなぁと。日々悩んでいますが，とにかく信じた道をいろいろな人に意見やアドバイスを受けながらやっていこうと思いました。田中先生の思いを聞いて，そう考えられてよかったです。

藤原　宣子　　岡山県倉敷市立中洲小学校

九九カードがとても参考になった。数や式をイメージでつかませるとてもいいアイテムだと思う。1年生でたし算，ひき算を教えていますが，10を基本としたカードがあれば，数のイメージをつかませながら，練習ができるのではないかと思った。

Y.S　　山口県

子どもたちが主体的に活動・思考するには，教師の演出が重要だと思いました。きれいにまとめようと形式に気を配っていたら，本当に大切な子どものつぶやきや行動を見逃してしまうので，目標をしっかりもって，準備する必要があると思いました。九九トランプを実際にやってみて，形から式を見つけることが大変でした。図のイメージから式を考えるというのは，今まで経験したことがなかったので，ドキドキしながらやりました。このドキドキ感を授業の中で子どもたちにも味わわせたいです。

田中博史の算数授業のつくり方

講座 III　4・5・6年生の算数授業づくり

子どもの思考過程を
小刻みに見取り,
整理し価値づけていく

4・5・6年生の
特性を活かした算数授業

■ いろいろな表現に置き換える力を身につけさせる

　はい，それでは，講座Ⅲを始めます。

　疲れたと思いますが，あと半分です。頑張りましょう。途中で気を失っている方がいたら，隣の人が起こしてください（笑）。

　講座Ⅲでは，4・5・6年生の話をしましょう。

　講座Ⅱのなかで今度の学習指導要領に，分数が2年生から入ってくるという話をしました。

　分数を学んだあとの子どもたちに，右のような図を見せます。

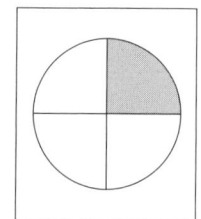

　「これを見て，自分で知っている数に置き換えて表現してごらんなさい」というと，$\frac{1}{4}$ や0.25のような数を思い浮かべます。5・6年生になると，これが25％という数に見える。これも大事な感覚ですが，分数や割合の勉強をする前段階の子どもに聞いたら，どんな数字を思い浮かべるでしょうか。まだ分数や小数を習ってない子どもたちですよ。

　では皆さん，子どもの気持ちになって思い浮かぶ数字を言ってください。

> 参加者A：3。

　3。なるほど。

　今，A先生は3とおっしゃいました。3という言葉の意味がわかりますか。「え，なんであれが3なの」と思われる方もいますよね。まだ今は，謎解きしませんね。では，他の人にも尋ねてみましょう。

参加者B：1。

1？　このあたりにくると私もわからなくなってきます。

参加者B：4つに分けて……。

4つに分けてですね。1は？

参加者B：4つに分けているものの，1つ。

なるほど。$\frac{1}{4}$の分母と分子を分けて言っている感じですね。

参加者C：半分の半分ともいうかな。

ああ，半分の半分。
子どもたちなら，もっといろいろ数を思い浮かべますよ（笑）。
では，3の謎解きをしましょう。
3はなんだと思います？　A先生がイメージしたものは何でしょう。

参加者D：時計。

　時計。ここが3時の3になっているということが思い浮かぶと，これはどういう量になるのでしょうね。
　2年生ぐらいに聞きますと，15分と言います。時計を動かしてこの針の動いたところを「15分間と言うんだよ」と教えましたよね。だから，3も同じですね。これを3時間と考えてもいいですね。この3時間は12時間のうちの3時間でしょ。15分というのは，60分のうちの15分。

4年生だとなんと言うと思いますか。「90°」ですよね。4年生の勉強のときには、この開きぐあいを90°と習っています。この90°というのは、360°のうちの90°です。これが全部 $\frac{1}{4}$ と同じに見えるわけですね。

このような感覚を身につけさせていけば、$\frac{1}{2}+\frac{1}{3}$ を計算しなさいと言われたとき、すぐに通分しか思い浮かばないというのではなくて、「先生、$\frac{1}{2}$ は要するに、30分の大きさのことだよね。$\frac{1}{3}$ は20分のことだよね」と具体的な自分の中のイメージに50分です。50分というのは全体が60分のうちの50分でしょ。だから、実は $\frac{50}{60}$ という表現方法ができます。角度ならば、$\frac{1}{2}$ は180°です。$\frac{1}{3}$ は120°です。合わせれば300°ですよね。これをたしていったときに、300°までいく。これは、全体が360°ですから、$\frac{300}{360}$ ということになる。

子どもたちが今までもっている知識にいろいろなイメージをもつことができると、いろいろな解決方法が出せるんです。

講座Ⅱで、かけ算九九の数字にいろいろな図形が思い浮かぶ子にすると、使える力になるという話をしました。それと同じです。今までもっている知識をいかに複合的に活用するか。新学習指導要領で「活用」がキーワードになりましたが、今まで学んだ知識に、いろいろなイメージをもつことができる。そういう力を身につけさせておくと、子どもたちが、いろいろな問題解決に知識を役立てることができるようになるのではないでしょうか。

■ 分数トランプで力をつけよう

そうはいっても、分数はなかなか日常では目にしません。そこで私は、分数をもっと身近に遊ばせたいなと思い、分数のトランプも作ってみました。

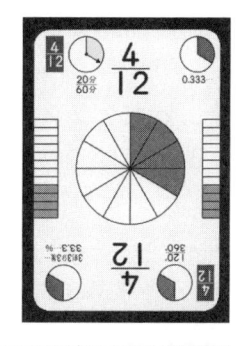

実はですね，わずか数日前にそれが完成しました。まだ発売されていない，私のクラスの子どもも持っていない新作品です。（感嘆の声）

まだあげるとは，言っていませんよ（笑）。

この分数トランプには，真ん中に分数表示がしてあります。カードの四隅に，角度と割合，時間，小数の4つの量がついています。$\frac{4}{12}$は120°。3割3分3厘。33.3％。20分とくっついています。遊びながらこれらをいつも目にしているわけです。

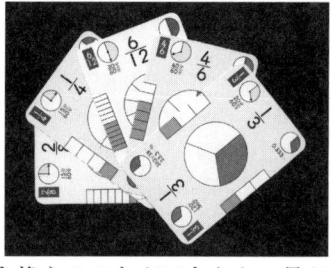

例えば$\frac{4}{12}$と$\frac{2}{6}$，どちらが大きいかなという場合，横に並べてみます。すると，両側のテープ図を使って比較できます。まだ大小比較できない子もテープ図で比べることができます。遊んでいる最中にいちいち分数で計算することが面倒くさいときは，20分と時間に置き換えることができたら，量が同じだとわかりますね。

トランプですからね，ババ抜きなどの遊びもできます。こうして重ねると，ちょうど隅のところに，同じ単位の量がくるようになります。まだ分数がよくわかっていなくても，時計で遊ぶことができる。合計60分になったらあがり，などね。そういうふうなことをしても遊べますよね。また角度のところでそろえれば，角度の勉強を終わったばかりの子は角度で遊ぶこともできる。こんなふうに，いろいろなバリエーションで遊べるように作ってあります。

それでは，お待たせしました。本日，できあがってきたばっかりです。

これもさしあげます。（拍手が起きる）

高学年の分数の学習では必ず等しい分数探しの学習をやりますね。トランプを見ていただくと一目で同じ大きさだということがわかります。これを活用したゲームをやってみたいと思います。

では，トランプを開けてみてください。

◆　分数トランプの遊び方

　分母が12までのトランプになっています。薄いブルーの面をもっているカードと，表がクリーム色のカードの２色に分かれます。薄いブルーのほうは，分母が６までです。最初はブルーの分数カードで遊ぶぐらいがちょうどいいでしょう。先ほどパターンブロックで遊びましたが，６までの分数というのは，あのときの分数のイメージと同じです。ですから，子どもにとっても操作はしやすいし，高学年の子どもが通分の学習をするときには，このぐらいの数でやると抵抗なく図にも表せ，イメージももてます。

　では，先ほど九九トランプで遊んだお仲間で，ちょっとゲームをしてみたいと思います。ゲームはどなたかお一人のトランプだけ使いましょう。よろしいですか。ではまた，仲間になってください。

　いろいろなゲームができますが，私が言うものをやっていただきます。

　今度は高学年バージョンですので，ちょっと高度なゲームをやりたいと思います。皆さんたちが先ほど九九でやったようなことも，この分数トランプでも同様にできます。

　例えばババ抜きです。同じ大きさになったら取るというふうにする。それから，神経衰弱もできます。どっちが大きいか，ぱっと出して大きいほうが勝ちというゲームもできるでしょう。まだ全然習っていなくても，並べて比較すればいいわけですから，こっちが勝ちというふうにできますよね。帯図では，微妙で比べにくいときに，時間や角度のところを見れば大小がわかります。

◆　ピザカードの遊び方

　このトランプの中には，低学年専用のピザカードも入っています。これがピザカードです。新学習指導要領では，２年生のときに$\frac{1}{2}$，$\frac{1}{4}$，せいぜい$\frac{1}{8}$ぐらいまでしか扱いませんが，そのイメージをつかませるためのものです。

それに，分数というと必ずピザの話が出てくるので，そのときに使えるものとして，一応入れておきました。低学年からも遊べるようにと考えてのことです。詳しく見てみると，この1枚のピザが半分になると，ねずみさんがちょっと喜び，だんだんお腹が大きくなっていって，最後は倒れているという，そういう細かな演出がしてあります（笑）。

　これでどうやって遊ぶのかというと，例えば，裏返してシャッフルするでしょう。順番にこの6枚だけを並べて，順に開けて，だんだん大きくなるように開けたら勝ちとかね。それが何枚続くか，とやるわけです。もちろんこれは運だけです。運だけですけど，子どもが分割のイメージと，その分割の数が大きくなると，その数自体は小さくなるという今までの数とは違う感覚が遊びながらもてます。そういう感覚をもたせるだけでも，おもしろいわけです。

　では試しに先生，運がいいですか？　ちょっとやってみましょう。最初は小さいものから，だんだん大きくするほうがいいんですよ。

参加者E：では，これから。

　はい。おお！（拍手）　やるなあ。さあ次はどっちだ。おおおお！（拍手）

　かなり運のいい方ですね。いやあ，おめでとうございます。賞品に，九九トランプをあげま

しょう。

> 参加者E：おお～，ありがとうございます。（拍手が起きる）

　それから分母が6までの分数カードを交ぜて神経衰弱にすると，低学年でも遊べます。活用範囲を広げて使っていただけると思います。
　それからジョーカーも入っています。これをどんな役割にするかも子どもたちに任せると，楽しんでいろいろなルールを作ることでしょう。

◆　分数トランプで遊ぶ

　今からは，そのジョーカーとピザカードを外したカードを使ってゲームをします。よくシャッフルしてください。そして一人に，5枚ずつになるように配ってください。
　はい。では，残りのカードは真ん中に置いてください。そして，トランプを持っていただき，順に山から1枚取って1枚捨てるというルールでゲームを進行させます。いいですね，1枚取って，1枚捨てる。捨てるときは表を見せて捨ててください。
　あがり方について説明します。今5枚ですよね。1枚取ると6枚になります。6枚になったときに，同じ大きさの分数が3枚ずつ2セットそろったらあがりです。
　では，ちょっとやってみましょう。どうぞ。じゃんけんをして順番に始めてください。

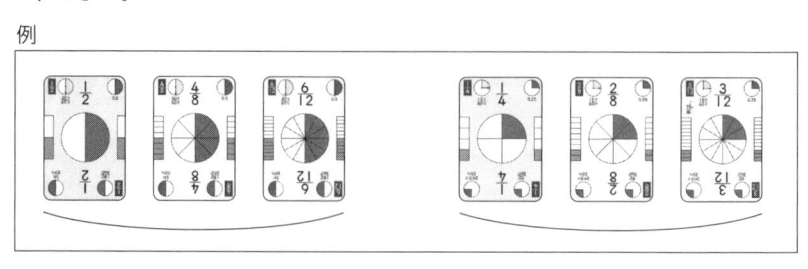

例

捨てるときは，前の人のカードに重ねてください。
ゲームについて何かご質問なりご要望なりあればどうぞ。

> 参加者F：場に出ているカードを取ることはできるのですか？

なるほど。「場」という言葉を使いましたね（笑）。
　子どもたちに，これぐらいの縛りのあるルールを渡すと，やりながら必ず「先生，こういうことしちゃいけないの」と聞きます。これを使って授業をします。
　講座Ⅰ，Ⅱでお話ししましたが，子どもたち自身が何かルールを変えていくことはよいことだというように，子どもを育てていると，子どもは必ず先生のほうに「ねえ，こういうふうにしようよ」と提案してきます。それを聞いてやるんですね。では，先生の提案を少し詳しく説明してください。

> 参加者F：自分が同じカードを増やすために，他の仲間が出したカードの中でいいなと思うものが……。

欲しいですよね。はい。では，そのルールを付け加えましょう！今，ご自分が2枚持っている。例えば，$\frac{1}{2}$と$\frac{2}{4}$を持っていたとしましょう。あと1枚あったら3枚そろうというときのみ，取っていいことにしましょう。何と言って取るかといいますとね，家庭用ゲームにドンジャラというのがありまして，ドンジャラのルールでは「ポン」と言って取るんです。ドンジャラですよ，麻雀ではありませんよ（笑）。

あと1枚欲しいときは「ポン」と言ってそのカードを取ることができることにします。その場合，順番は飛ばされますよ。「ポン」と言って取った人の次からまたスタートします。よろしいですね。だんだんセブンブリッジに近づいてきました。はい，では続けてください。
　ただし，自分が本当に2枚持っているかどうかの証拠を見せなければいけないので，取ったカードと一緒に，3枚手元に並べて見せてください。いいですね。はいどうぞ。

> 参加者G：すべて同じになったらあがり，というのはどうでしょう。

　すべて同じ。どういうことでしょう。

> 参加者G：6枚とも同じ大きさというのは……。違うものが3枚じゃないと。

　意味，伝わりました？

> 参加者H：$\frac{4}{8}$と，$\frac{3}{6}$と，$\frac{2}{4}$と……。

　それ最後まで言ったらすごいなと思っていました（笑）。
　実は私，今の先生の話は，本当は1回目に聞いただけで意味はわかっていました。授業中に，すぐに「あ，それはこうですね」と先生が取り上げますと，周りの子が「自分で理解しよう」という空気にならなくなります。講座ⅠやⅡでお話ししたように，教師はちょっとものわかりの悪い人になるんです。すると，他のだれかが説明したくなりますよね。これが，子ども同士が説明活動する際に大事なポイントなんですね。その時間で，みんなに浸透します。
　今，6枚とも全部同じ場合もあがりにしようと言われましたね。これは，

3枚・3枚が同じと見なすこともできますから，OKにしましょう。
　やりながらまた「こういうルールもありにしよう」というのが思いついたら言ってください。(参加者，楽しそうに遊ぶ)
　今ここでグループ内で互いにルールの説明が始まりました。こうだよね，ああだよなと。新学習指導要領の算数的活動の中に，何度も説明活動という言葉が出てきます。でも，説明活動をするのに，子どもが指示棒を持ってきて「はい，これで」とやっている，あの形骸化した活動にはあまり意味がありません。説明活動というのは，相手に説明したいことが起きなければいけない。そのためには，その話を聞いてくれる人間が必要です。ゲームをやると，必ずそういう場面が生まれてくるのです。ルールの伝達でずれがありますから。
　例えば「これが，あがり」とだれかが言ったのに「え，それはあがりじゃないよ」という話になって，説明し合う。この説明し合っているときは本当にリアルな説明活動になっています。
　実は，この中で，算数が教えたい言葉が全部出てきます。私は，「もしも」「例えば」「だって」「でも」という言葉を算数では，思考力を表現するための言葉として大事にしましょうと提案しています。このゲームのルールを説明する時は，「例えばこうなるよね」と例を使って話をしたくなります。「先生，もしもこうなったらどうするの」と尋ねたくなることも起こるでしょう。だれかが「あがり」と言ったら「でもそれ，3・3になっていないよ」と指摘し合うでしょう。
　こういう活動が自然に行われているわけです。これを聞いてあげて，子どもたちに「今の説明の仕方，いいね」とほめてあげるんです。まずはゲームのような自由な活動の中で，自然に使っている説明能力をほめて育てていただきたいのです。
　ちょっとルールのレベルを上げます。今，皆さんたちは3枚・3枚でやっていました。見ていると「困るなあ2枚・2枚・2枚でもよければいいのに」という気持ちもあるでしょう。我がクラスの子たちは「先生，2枚・2

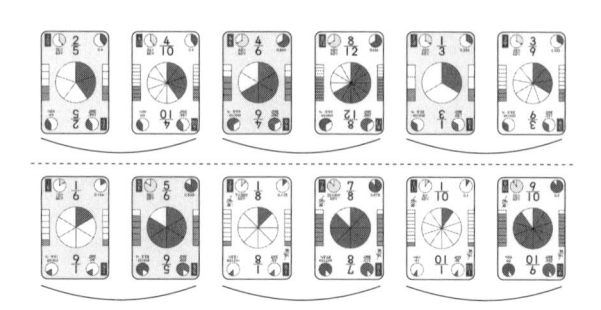

枚・2枚もありにしよう」と提案してきました。ただし，この場合は「ポン」はできないことにします。別の子は，「先生，これとこれをたしたときに1になると，きれいな組み合わせだよ。だから，2つを合わせたときに，1になるものを3セットそろえるのもあがりにしようよ」とつけ加えました。だんだんあがりのバリエーションが増えてきたでしょう。「先生，そんな難しいのはいやだ。分子が1のカードを全部集めるというだけでもきれいだよ」こんな声がしたら，「それを単位分数というのだよ」と教えてやってもいいと思います。

　単位分数が6枚そろったらあがりにしたり「分母が全部同じものをそろえたらあがり，というのもありにしようよ」というのもあって，ルールはどんどん広がっていきます。すると，「先生，分子が1のものをそろえるだけなら結構簡単だよ」「分母が同じものをそろえるのもそれほど難しくないし，頭使わないよ」と。こんなことを言い出します。そして，これらは「ポイントは低い」と言うんですね（笑）。「この3枚を合わせて1になるのは難しいよ」「これができると得点が高いよ」などという話になり，私のクラスの子たちはパターンブロックを得点として使ってやりはじめました。これであがったら台形のブロック，こちらのほうはひし形のブロック，これだと三角ブロックがもらえる，というふうに決めて，それこそ得点箱を作ってやっているんですね。「リーチ」とは言いませんけどね（笑）。たくさんやり過ぎるとわからなくなりますから，その中から選んでやるようにします。

　では3分間，先生方も遊んでみてください。

途中で，ルールをつくっても構いませんよ。（3分間遊ぶ）

はい，では次にこのビデオを見てください。あがりを3枚ずつで1をつくったら，これはかなり得点が高いというアイデアをだれかが出した場面です。
　すかさず他の子が「先生，でもこのトランプで，3枚で1になるときは本当につくれるの？」と言ったのです。「なるほど，そういえば，まだ探していないね。さて，3枚で1になるときはつくれるのかなあ」と言ったら，子どもたちはその場でやっていたゲームをやめて，みんなで一斉にトランプを開いて必死で整理しはじめました。みんなが一斉に計算をやりはじめたのです。
　子どもはこういう知的な活動をちゃんと喜ぶのです。本当にそのあがり方があるかどうかわからないわけでしょう。いま見つければ，自分が本当に第一の発見者になれるわけですからね。
　そして「先生できた！」という瞬間がついにありました。その子が，3枚のカードを紹介するのです。それを見て，教室中が一斉に計算を始める。半分くらいの子は，「もしも間違っていたら，まだ我々にチャンスがある」と言っているのです。（笑）
　「計算練習をしなさい」と教師が言っていなくても，子どもたちが夢中で計算している。子どもたちが，確かめたい，見つけたいと思った瞬間に，みんながぱっとゲームをやめて必死で探しはじめたのです。
　子どもは単におもしろ，おかしいゲームをやるだけで喜んでいるわけではないのです。ちゃんと新しいことに向かっていくことに喜びを感じる生き物なのだなと思いました。
　この分数カードは他にもいろいろなゲームがつくれます。私はいつも「ゲ

ームをグループの中で自由に改良していいよ」と教えています。次第に，4人グループの中でのオリジナルなゲームができあがっていくのです。ある程度放っておきますと，そのグループのメンバーでしかわからないようなゲームになります。

　ゲームがある程度進化したときに，私はグループの１人だけを残して，残りの３人を他のグループに行かせて遊ぶという企画をしました。残った１人は，ゲームのルールを伝える役割ですから，大変な説明活動に取り組むことになります。このときも，いろいろなたとえを使ったり，条件分けを使ったりして説明します。

　最後には，その子どもたちにゲームの解説書を作らせてみました。まさしく，オリジナルゲームブックです。今度は文字で伝えるということですね。国語の説明文の授業とリンクし，総合の時間も使って，オリジナルゲームブックを作ることをやると，これはかなり考えて文章をつくらないといけなくなります。音声による伝達，文字による伝達。このすべてがゲームづくりの活動の中で展開していくことができます。ただ単にゲームで遊ばせるだけでなく，文字を書いたり言葉を選んで伝えたりというような活動もちゃんとできるのです。

　もちろん，いつもゲームばっかりやっているわけではありませんよ（笑）。

　今度は５年生の小数のわり算を例にした授業を，実際にご覧いただきながら，次のお話を進めていきたいと思います。

■　4・5・6年生の授業づくりと授業を支えるテクニック

使用VTR　映像で見る算数授業「200÷0.5という式でいいの？」（内田洋行）

T：これから，算数の勉強を始めます。
C：始めます。
T：では，問題文を書きます。先生より早く書き終わること。
C：ええぇーっ！　無理だよー！

昨日，山口県小野田市の小学校の子どもたちと授業をしました。オープニングに同じように言ったんですね。
　「今から問題を書くよ。先生が書きはじめたらみんなも書きはじめ，先生が書き終わる前に書き終わること」と。
　みんな，一瞬「え？　それは無理でしょう」と苦笑い（笑）。
　でも実は，算数の文章題というのは問いの部分ぐらいは予測できるのです。「このリボン１ｍの」というところで止めて，続きを考えさせるのです。そうすると「この後はこういうことを尋ねるな」と予測させることができます。これには問題の意味を理解するという活動が主体的になりますから，ちゃんと意味があります。ちなみに，私はここで「いくらでしょ」で止めました。後は「う」と書けばいいだけです。こうすると全員が，先生より早く書き終わります。この価値は，先ほど言った「問題文を理解すること」だけではなくて，「スタートをそろえる」というところにもあります。先生がどんどん進めていくと，子どもたちの中には，まだ筆箱を探してる子どもがいたり，ノートもごそごそやっていて，なかには後ろを向いて遊んでいるなんて子がいて，スタートからそろわなくなり時間が無駄になります。まじめにちゃんと書きはじめた子が，遅い子たちを待たなければいけなくなります。大切なことは，スタートラインをそろえさせるために，問題文を書く瞬間も，子どもたちを「え？」とどきどきさせることが必要だと考えています。指示の仕方ひとつでみんな身構えます。これだけで集中して書き出しますよ。

（ビデオ上映，歓声が聞こえる）

　こんなことで喜ぶ子たちです。先生より早く書いたと喜んでいるんです

よ。5年生ですけどね。無邪気な子どもたちです。

T：さあ，けっこう難しいな。これな。
C：ええー，そうかあ？
T：そうでもない。じゃあちょっと解いてみてください。

> 0.5mが200円のリボンがあります。このリボン1mの値段はいくらでしょう。

　これは小数のわり算の単元での学習です。これを「200÷0.5」と式を書くということは，大人でも説明できる人はそんなにいないのです。
　小数のわり算のところは，例えば，2.5mが200円だと，200を2.5でわる式は立てられるけれど，なぜか1mよりも小さいときになると，子どもは突然，その立式に気持ち悪さを感じてしまうのです。
　この場面を私はダイレクトに2007年6月の本校での研究会でやりました。「小数のわり算」という単元名がついているんです。それなのに，だれも小数のわり算で解こうとしない。「200×2」です。これが彼らのイメージに一番ぴったりした解き方なのです。

T：答えは何円になったか，自信をもって言える人。
C：はーい，はい。
T：いま当てられたら困る人？
C：はーい。
T：ではAくん，いくらになった？
C：え？　えー？　400円。
T：400円。

私は何と言ったかというと,「いま当てられたら困る人」と言いました。それで,「はーい」と挙げたので,その子どもに当てました（笑）。すると,「ええー, そんな」と言います。だれも困る人に当てないなんて言っていませんからね。「いま当てられたら困る人と聞いただけだよ」と。最近は, 自分のクラスではそうやってからかって遊んでいます（笑）。

T：400円になった人。
C：はーい。
T：じゃあちょっとね, Bくん, どんな式にした？
C：200×2。
T：実はね, 200×2と書いている人がいっぱいいました。

（ビデオ早送り）

T：4mが200円のリボンがあります。このリボン1mの値段はいくらでしょう。はい, Aくん。
C：200÷4。
T：200÷4。じゃあ, もしも2mだったらどんな式になると思う？「2mが200円のリボンがあります。このリボン1mの値段はいくらでしょう。」はい, Cさん。
C：200÷2です。
T：200÷2。で, 問題文, ここの数字が変わりました。「0.5mが200円のリボンがあります。このリボン1mの値段はいくらでしょう。」そしたら皆さんはこういう式を書きました。なんか比べてみて変だなと思うことない？
C：えっと, このリボンが1mよりも長かったら「÷」で, 1mよりもとの数が小さかったら「×」。
T：なるほど。今, 他に手を挙げた人。何を言おうと思ってた？　同じように言ってごらん。

> C：何mだってところが1mより短かかったら200×だけど，1mより長かったら，200÷がいいんだと思う。
> T：要するに，ここの数が1mより長いと，200÷，そうじゃないと，かけ算になっているということかな。
>   ところで，これをわり算にしたらだめなの？
> (多くの子どもたちの，嫌だという声)

　こういう感覚なんです。これが自然でしょ。なのに，教科書の指導書やいろいろな学者の論では，形式不易と言いまして，「整数のときにこういうふうに式を立てたのだから，小数のときにも同じように使うんだよ」と言うと子どもは納得する，と書いてある。でも，この場面の授業で納得した子はいつもほとんどいないのです。彼らにとっては，やっぱりここでわり算にするのは気持ちが悪いのです。そんなの意味がないと言うんです。もうちょっと聞いてみましょう。

> T：いやだなあと思っているその気持ちは何でなのか，ちょっと隣同士相談してみてください。どうぞ。
> C：(話し合っている)
> T：はい，「なんか気持ち悪い」という人。
> C：(多くの子どもたちが挙手)
> T：はは。なるほど。はい，どうぞ。
> C：ぼくは，200×2＝400と書いたんだけど，200÷0.5だと，なんだかわからないけれど，意味が違うように思う。
> T：おお，意味が違う。Dくんが言いたいことわかる？
> C：わかる。
> T：わかる？　どういうこと言いたいんだと思う？
> C：だってさあ，4になっちゃうじゃん。
> T：4になっちゃう？

C：なんで？　違うよ。
C：あ，40だ。40。

　この子は，この時点で，計算をしたわけです。「計算すると，答えが違うよ」ということを言いたかった。でも，これは明らかな計算間違いですよね。しかし，これもその時点で起きた事実だから，それを確かめるという作業をしなければいけません。そこで私は，「では，200÷0.5は本当に4円になるか確かめよう」と言いました。授業はその場その場で子どもと対話をしながら進めていく。いま何が起きているかという事実が大切で，それをみんなで一緒に解決していくという姿勢をみせるのです。先ほどゲームのときに，子どもたちから「こんなことをしてはいけないの？」という言葉を聞いたら，それを使って次の場面をつくってあげることが大切だと言いました。そうすることで，先生は自分の予定どおり進めているわけではなく，私たちの要望に合わせて進路を変えてくれている，と子どもたちは学ぶでしょう。こうして付き合うと，子どもはだんだん素直になり，かわいくなるんです。それは，先生が真剣に自分たちに付き合ってくれていると思うから。

　「とりあえず先に進もう」「とりあえずわかるようにさせよう」とどんどん進めていくと，先生自身は満足するだろうけれど，子どもは「この大人は私たちに付き合う気はない大人だ」というふうに学んでいくわけです。子どもが何かぽつんと言った素直な間違いを，真剣にそこで取り上げて，話題にしていくのです。このような体験をすると，子どもたちは質問をいっぱいするようになります。

T：なるほど，まず，この計算をまずしようと思っているわけね。ちょっと，じゃあ，この計算ができるかどうかやってみようか。この計算。
C：（ざわざわしている）
T：これって計算できるよな。どうやってやるんだ。
C：2倍したら……。

T：2倍？　なんで2倍するんだ。
C：はい。
T：なんで2倍するんだ。はい，Eさん。
C：200÷0.5があって，0.5を2倍すると1になるでしょ。
C：うん。
C：で，0.5を2倍しているんだったら，200も2倍しなきゃだめでしょ。
C：うん。
C：で，こっちが400になるから，そうすると計算がしやすくなって，答えが400というふうになる。

$$\times 2 \begin{pmatrix} 200 \div 0.5 \\ 400 \div 1 \end{pmatrix} \times 2$$

　今の子の話し方を聞きましたか。

　今の子は，確実に聞き手を意識しているでしょう？　説明したいことが生まれて，相手の反応を確かめながら話す。すると5年生の子どもが「うん」と，自然にうなずきながら聞いているわけです。

　これを「だれかが説明したら，『はい』と言いなさい」などと形骸化した指導をしてはだめですよ。「説明する人間は，『ここまではいいですか』と聞き手に尋ねなさい」などと教えると，形式が先にくるので子どもは使いこなせなくなるのです。自然にそういう状態になるように話をさせなくてはいけない。そのためには，先生がそうしていればいい。普段，子どもがなにか言ったら「それはどういうこと？」と素直に聞く。聞いた瞬間に「ああ，こういうことか」とわざと聞き間違える。すると，他の子どもがいらいらして説明する。この繰り返しで，本当の対話が生まれるのです。これは，対話です。授業中は子どもと自然体で対話をするのです。

　さて，ここで，この子の言った計算の結果は出せました。もう一回最初の男の子の意味のわからない話へもっていきます。

T：Fくんの「200÷0.5って気持ち悪い，意味がわからない」。

C：意味が違うと言ったんじゃないの？
T：意味が違う。Fくんの言っている気持ちがわかる人。

　私が「意味がわからない」と言ったら，「いや，そうは言ってない。意味が違うと言ったんだ」と指摘する子どもたち。実によく友達の話を聞いていると思います。ここでは教師が教えられています（笑）。

T：200÷0.5の式でよさそうだと思う人。
C：ちょっとよさそうな気もする。
T：気もする？　どうして。
C：あのさあ，なんて言うんだろ。なんか……，解けたから。
T：解けた。なるほど，確かに答えは一緒になったもんな。でも，Fくんは意味が違うだろうと言ってるんだけど，意味が違うってどういうこと？はい，Gさん。
C：うーんと，0.5は，1mより少ないけれど，もしも4mだったら，1mよりは大きいから……。あれ？

　ほら，ね。筑波の子どもだって，200÷0.5と立式することは，本当はこのぐらい不安なことなのです。

T：1mより小さくなると気持ちが悪いわけだ。な。はい。Hくん。
C：4マスを使うと……。0.5mが200円で，今は，1mの値段を聞かれているでしょ。
C：うん。
C：だから，ここを出すためには……。
T：はい，ストップストップ。さあ，Hくんはなんの話をしようとしているだろう。
C：はい，はいはい！

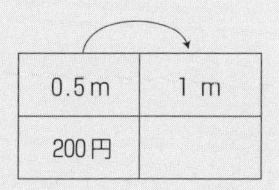

0.5 m	1 m
200円	

T：想像つく？
C：はい，はいはい！　はい，はい，はいはい！（アピールがたくさん）

かわいい5年生でしょう。

T：なんでこんなに反応が早いんだろう。
C：あああ！　そうかあ，わかる，わかる！
T：えーと。じゃ，ちょっとＩさん来て。ちょっと聞くなよな。何を言いたいの？（先生と子どものひそひそ話）あああ，なるほど。ちょっとＩさんに話させるよ。Ｉさん，どうぞ。
C：ええと，0.5から1は，×2にして，2倍するんだったら，200も2倍するから……。
T：うん。そうだよな。よしよし，ちょっと待って。ちょっと座ってください。上を2倍したら，下も2倍だよな。これは納得する？
C：うん。
T：ところで君たち，この「2」っていうのはどこにも出てきてないよ。
C：はいはい！　はい！
T：はい，Ｊくん。
C：この「2」っていうのは，×2の，このことで，0.5が2倍になって――あれ，わかんなくなっちゃった。
C：はい，はい，はい，はい！
T：はい，ちょっと落ち着け。みんな座って。今から，じゃ，だれかに発表してもらうので，ちょっと隣同士でその前に話し合ってください。

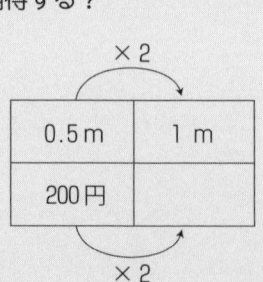

ここ最近，私は，算数でもペアで話をするのをさんざん取り入れています。

　私があるところで提案したら，もう一気に算数の世界でも広がりました。最近お隣同士で相談することをたくさんやる先生が増えたんです。でも私は，それを授業の中で停滞したときの逃げに使ってはだめだと思います。研究授業でも，話し合わせておいて，その間に先生が休憩しているパターンが実に多い。話し合わせていたら，そこを絶対聞き取らなきゃいけない。

　ペアの話し合いを使う場面は，みんなが話したくなったときです。みんなが話したい。低学年でもよくあるでしょう。教室中にたくさん手が挙がっている。だれか一人に当てたら，その子どもしか話ができない。このように，みんなの中に話したいことが生まれているときに取り入れると，一斉に全員が話すことに意味があります。ただし，いわゆるアイデアやひらめきなどを発表させるときにはやらないほうがいい。なぜかというと，いま自分しか見つけていないアイデアというのは，雑踏の中で話したくないでしょう？　やっぱりみんなに聞いてほしい。「ぼくはこんなこと見つけたんだ，聞いて」と。それを２人組でやってしまうと，相手がその後発表したりして，自分のアイデアをもっていかれちゃうわけでしょう。子どもたちだって，それはいやなんですよ。

　私は，ペア対話は定着の場面のほうでよく使います。例えば，だれかが大切な発表をしたとき。当然この場面では，この話をみんなに復唱して，みんなにも理解させたい。そんなときは，２人組でやると活動頻度が上がります。しかも，隣の子がチェック機能を果たしますから，相手の言っていることをお互いチェックすることができます。ペアで再現活動をするのは，非常に有効です。この場面はみんなが話すことに意味があります。講座Ⅰで男の子と女の子を仲良くさせたほうがいいと言いましたけれど，隣同士で助け合っていくことができるクラスにしておけば，大切なことを定着させていくことができます。

T：では，今から，もしも自分が当てられたらこう発表するというようにやってごらんなさい，どうぞ。

C：（さかんに話す）
T：はい，はい。
C：えっと，0.5mは，1mの半分でしょう。
T：うん。
C：だから，0.5を×2倍したら，1mでしょう。
T：うん。
C：だから，200も，×2しなきゃいけなくて。
T：うん。
C：で，2は，×2の，0.5を1mに──×2した，2。
T：みんな，この「2」は，どんな計算を頭の中でやった2なの？
C：1÷0.5。
T：そうか，ここで1÷0.5をしたわけだね。
C：ちょっと違う。
T：え，違う？　そんな不安そうに「違う」って言われると……。どこが違うの？
C：えっと，1m÷0.5mにすると，整数÷小数でちょっと考えにくいから，cmに直して，1mは100cmで，0.5mを50cmと考えると……。
C：はああ。（感心の声）
T：なるほど，頭の中で100÷50を考えたわけね。オッケー。じゃ，この式を先生ちょっと書き換えるね。
C：え，ええ。私は違うんだけど。
T：ちょっと待って，ここまでまずやります。ここを書き換えると，この式は，200×(1÷0.5)とできる？
C：できる。

T：1÷0.5の答えはいくつ？
C：2。
T：なんで？
C：だって，だって，はい！
C：だって，1mは，0.5の2倍だから，だから2。
T：200×（1÷0.5）という式は納得するわけだね。なんとなく，200÷0.5という式に似てきたな。

ここで，やっと「÷」が登場してきましたね。まだまだ先は長いですよ（笑）。

T：では，ここまでを復習します。「0.5mが200円のリボンがあります。このリボン1mの値段はいくらでしょう。」という問題を出したら，皆さんは200×2とあっさり答えました。しかし，ここを4mとか2mにすると，わり算の式を書きます。そのまま0.5を入れて200÷0.5にしたらどう？というと，どうも気持ちが悪いとみんなが言いました。でも，200÷0.5をやると，どうやら答えは400円にちゃんとなりますよね。だから，結果がいいから使えるのではないかという人も一人いました。でも，ほとんどの人は意味が違うと言いました。結局，やっぱりやり方としては2倍になっているから200×2がいいと。この式の2に（1÷0.5）を入れると，200×（1÷0.5）。ここまでは，みんな納得するわけだね。ところで，200÷0.5と200×（1÷0.5）の式って似てないか。
C：似てる。
T：こんな，（　）がついた式の勉強を，どっかでやらなかった？
C：AB，ABCの……。
T：あのとき何か外したら……。
C：あっ，そういえば……。

子どもたちが，1か月前のノートを見はじめます。

C：ちょうど1か月前だ。5月15日！
C：なる！　あああ，あ，できた，できた！
T：なった，と言っている子が2人だけいます。おっ，3人目，4人目。
C：なっている，なっている！　なった！
T：なっている？　はい，じゃあKさん。
C：この（　）のままだと，この式とは違っちゃうよね。
C：うん。
C：だけど，この（　）をなくすと，200×1÷0.5で，200×1を先にするから，200×1は200で，200÷0.5，ほら，こっちと同じ式になるよね。
C：あああ。すげえ。（感心の声）
T：いま気がついたこと。これなら納得するわけだ。おお，すごい，すごい。じゃあ，これは今みんなが「ああ」と言いましたけど，（　）を外すきまりを勉強しましたよね，1か月前にね。これを使って外したら，200×1がセットになり，200×1÷0.5は200÷0.5と同じになる。結びつかなくはないわけだね。

　さて，ではこちらを見てください。0.5mを1mに変身させました。×2倍したよな。こちらも×2倍したらそうなる。では，質問を変えますよ。0.5mを1mに変身させるのに，本当に×2倍しか方法はないですか。
C：え？
T：はい。Lさん，おいで。ちょっと，何を話そうと思っているか，ひそひそ話で，はい。いいか，聞くなよ。おおお，よしよしよしよし。Lさんがおもしろいことに気がついたよ。

これは，集中させるテクニックです。昨日，小野田市の小学校でもしまし

た。「ちょっと先生ひそひそ話聞くからね，他の人は雑談していてね」と言うと，逆にみんなは「しーん」として聞いているのです。子どもはあまのじゃくですからね（笑）。「聞きなさい」と言うより，逆のことを言ったほうがいいですね。読ませたいときは，逆に読むものを隠すとかね。小学生ぐらいの子どもの動物的な本能を刺激すると集中します。

T：Lさんの方法でちゃんと1になるんだよ。でも，Lさんは×2ではない。
C：ええ？　わかんない。……あ，あ，あ。（気がつく子どもが増える）
T：お，お。ホントかなあ。おお，なるほどなるほど。（気がついた子どもを見て）じゃあ，最近やった計算のプリントを見てごらん。そこに何か1が出てくることがないかな。
C：あっ。あ，ほらやっぱり。
C：はい，はい。ある，ある！　え，ええ？（反応が交じる）
T：そこに使えることが何かない？　はい，1人，2人。みんなに気づかせたいんだけど，なんかヒント言えない？
C：同じ数。
T：同じ数？
C：ええっ？　あっ！

ちょっとここは解説しますね。

実は，同じ数同士のわり算の答えは1でしょ。ですから，あの場面で0.5を1にするには，2倍しなくても0.5そのものでわってもいいわけです。

実はこの2週間前の計算プリントで，子どもたちは小数のわり算の練習問題をやっています。でも，そのプリントのある部分だけは，やたらと簡単な問題が並んでいるのです。例えば，「0.25÷1＝0.25」のように÷1の計算。これは，1でわる計算は答えが変わらないということを実感させるため。さらに，「0.35÷0.35」のようなもの。同じ数同士のわり算は全部答えが1でし

ょ。子どもたちは，「先生，ここの問題はやたらと簡単な問題ばかりだよ。こんな問題ばかりにしてくれれば，ぼくら計算楽なのに」という体験をさせておくのです。

　本当はね，子どもたちが別の学習の中で，この楽な計算を，子ども自身が役立てようとしていくのがいい。1か月前の（　）を外す勉強，2週間前の計算プリント。この2つを活用すると，いま子どもたちが困っている場面を乗り越えていけるように，私は一応仕組んでおいたわけです。

■　上学年の文章題についての解説

　ちょっとここから文章題の解説をします。

　小数のわり算の単元の演算決定は，非常に子どもたちがイメージしにくいところです。通常は，比例数直線を使っています。日本の教科書では，2本の数直線が書いてあって，上に割合が，下に量が書いてあるのを使います。これは，日本が独自に開発したもので，比例数直線といわれています。確かに，わる数が1mより大きいときには，イメージ化に役立っています。

　ところが，わる数が1mよりも小さい場面だと，この数直線を使っても，立式に困る子がとても多いのです。

　そこで私は，表にまとめて，関係から立式させる方法を考えました。それが先ほど男の子が「4マスを使うと……」と言って書きはじめた「4マス関係図」と私が呼んでいるものです。あの子は実は，÷0.5になる理由を説明しようとしたのです。それを私が途中で止めて，まず×2の話を散々させてやるわけですね。最後の場面で÷0.5のところにつなげるようにしたのです。

　ただし，最初は逆に，こうした表から文章題をつくるという経験をたくさんさせて，イメージ化を図ります。これだけの表から，文章題をつくってみます。

　試しに大人でやってみましょうか。先生，どんな文章題ができそうですか。

参加者J：1m，200円のリボンがありました。2mでは何円になるでしょう。

1 m	2 m
200円	?

　はい。すばらしいですね。まるで打ち合わせがしてあるかのように，私が用意していたものと同じです（笑）。

　実は，教科書やいろいろな場面でも，ほとんどの場合がリボンですからね。では，この表ではどうでしょう。後ろの先生。

参加者K：2m，2.4kgのパイプがあります。そのパイプ1mの値段はいくらですか。

1 m	2 m
	2.4 kg

　はい，ありがとうございます。不思議なことに，教科書でも必ず鉄の棒や鉄パイプが出てくる。昨日も小野田市（山口）の小学校で先生方につくってもらうと，鉄パイプとおっしゃった。教室の中で鉄の棒や鉄パイプの話題がこれだけ頻繁に出てきて大丈夫かなと思いますよね（笑）。でも，鉄の棒でないと比例関係で伸びることが保障されている量がないのです。実は，教科書も題材を探すのに苦労しているのです。その次に使われているのは，だいたいペンキを使う問題ですね。ここにある表は，文章題を要約したものと見ることもできるでしょう？

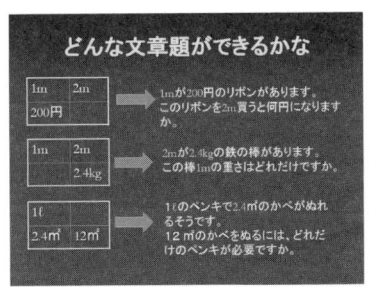

　いきなり文章題をつくろうと言っても，そう簡単にはできない子もいます。ときには，次のような不自然な文章題を

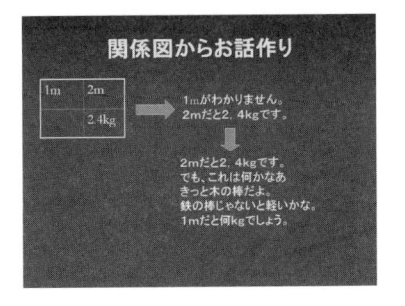

つくることもあります。「1mがわかりません。2mだと2.4kgです」。これを次第に算数のお話らしく仕上げていきます。「2mだと2.4kgとやるといいかな」と。そして，その後で材質を考える。これなんでしょうね。「木の棒かな」「いや，鉄の棒じゃないと軽すぎるよ」なんて話をしてだんだん問題に仕上げていくんです。

次もそうです。

1ℓ	
2.4 m²	12 m²

上の表から作ろうとすると「1ℓだと2.4㎡です。わからないと12㎡です」という変な文章ができます。実際に私のクラスの子がノートに書いていました。

そこで，もう少し日本語らしくしようよと言います。

算数でも，こうしてちゃんと日本語を組み立てるという勉強を教えることができます。場面をイメージすれば，子どもも文章表現できるのです。

この体験があると，逆に文章題を表にまとめることはできるようになりますね。下学年では文章を読んだら絵に描く活動を提案しました。上学年は文章を読んだら，一度図や表にまとめさせます。

特に，上学年の関係のわかりづらい文章題はこういう表に整理する力も大切なのではないでしょうか。本校の先輩が

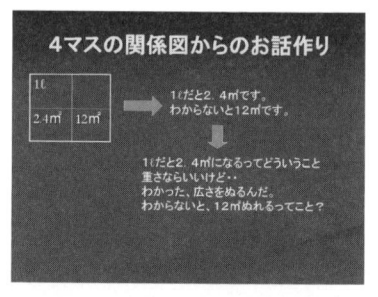

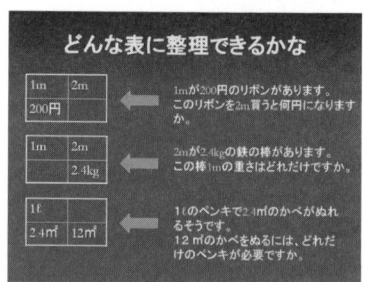

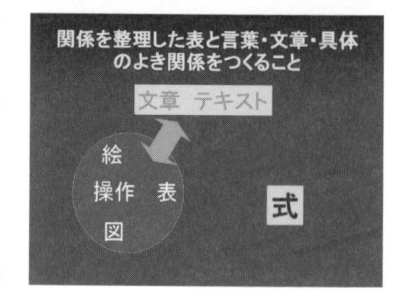

「田中さんの提案する方法は，簡単に解けるようになるけれど形骸化しないだろうか」と意見をくださいました。やはり大切なことはイメージ化ですから，表から文章をたくさん作るという活動をたくさん入れることが必要だと私も思います。表の活用は4年生からやっていることです。表を使うことは，これは形骸化にはつながりません。

では，次に表にまとめたものから，式をつくる方法を説明します。

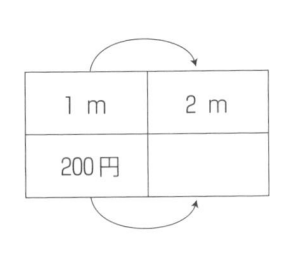

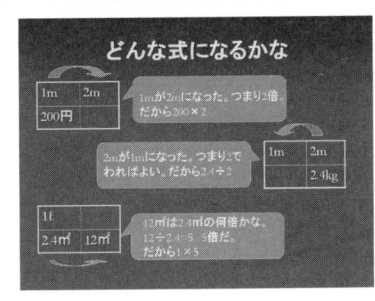

1メートルが2メートルに変身したから，200円を2倍したのです。この問題で200×2にしている意味を，もう一回よく整理してみましょう。子どもが200×2としたのは，出てきた文章題の数字を2つかけているだけかもしれません。

どういうことかと言いますと，これは子どもが日記に書いていたことからわかったことですが，「先生，mとmかけたら㎡になるんでしょ。だったら，mと円をかけたら，何になるの？」というのです。そうか，この子は円とmかけていたのかと私もハッとしました。今まで，200円×2mをやっていたのです。ということは，式の意味がわかっていなかったわけです。この式は，2mをかけているわけではなく，1mが2mに変身したという「2倍」をかけているんです。

上の関係と下の関係を見てそろえるというのは，分数で，同分母の分数をつく

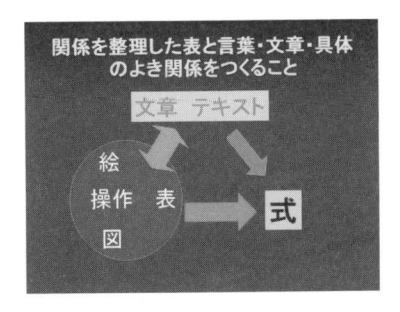

$\frac{1}{2} = \frac{2}{4}$

1 m	2 m
200円	

$\left(\begin{array}{c}4 \div 1 \\ 8 \div 2\end{array}\right)$

る勉強と同じです。わり算で答えが等しい式を探すときにもやっています。この関係が比例の関係のときもずっと続いているわけです。

　整理します。文章を読んで，すぐに式にするのではなく，まず表にします。表ができたら，文に出てくる数の関係を読み取ったことになります。その読み取った表から，今度は式をつくらせればいいわけです。

　では，こんな文章題で試してみましょう。分数がでてくる文章題も，6年生の子どもが困る典型ですね。そこで，まずは表からお話しを作らせます。読んだまま，表にしてみると……。

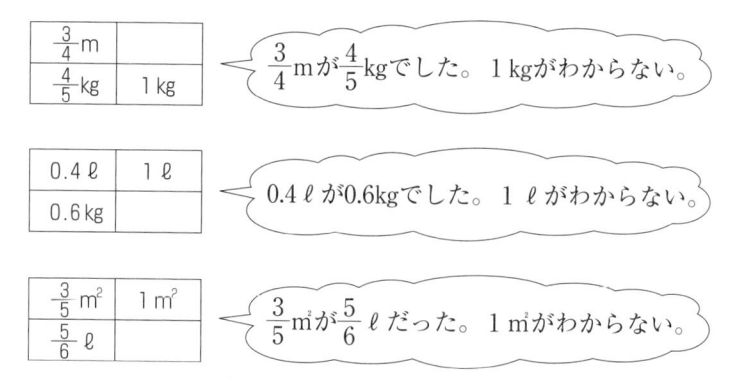

$\frac{3}{4}$m	
$\frac{4}{5}$kg	1kg

$\frac{3}{4}$mが$\frac{4}{5}$kgでした。1kgがわからない。

0.4ℓ	1ℓ
0.6kg	

0.4ℓが0.6kgでした。1ℓがわからない。

$\frac{3}{5}$m²	1m²
$\frac{5}{6}$ℓ	

$\frac{3}{5}$m²が$\frac{5}{6}$ℓだった。1m²がわからない。

　国語で要約文を書いているのと同じです。こうして文章と表を対応させてイメージをつなぐことができれば，この子の読み取りは完了です。

　では，今度は表から式をつくります。

　DVDの中で，女の子がかわいい顔をして言いましたね，「同じ数ずつ」と。これがポイントです。同じ数でわれば答えは1になります。したがって，$\frac{4}{5}$を1に変身させるには，$\frac{4}{5}$でわればいいのです。同じ数でわると1になることを活用させます。$\frac{4}{5} \div \frac{4}{5}$は1ですから，上も同じ関係で$\frac{4}{5}$でわればいいわけです。

　0.4ℓを1ℓにするのも同じです。0.4で，つまり同じ数でわれば1になり

ます。したがって，0.6も0.4でわればいいことになります。

　立式はこうすれば迷いませんよね。このように，子どもたちに手がかりを与えると，立式には迷わなくなる。まず読み取って，表を書く，次に関係を読み取って，立式もした。この後は，計算をしなくてはいけない。計算が苦手な子はここで計算間違いをし，ほぼ正解まで来ているのに，あと一歩のところで正解にたどり着かないわけです。計算ができたとしても，最後の答えの単位を間違える子もいる。でも，先ほどの表は，横にある関係は同じ単位になっています。ですから，ここがわからない場合は ℓ になります。こういうことも整理できますので，単位を間違えるということも防げます。でも，1つの文章題を解くのに子どもがたくさん苦労していることがわかりましたね。

　それをドリルレベルでできないかと考えたのが，先ほどお渡しした，私の作った高学年のドリルです。

■　使える算数の力を伸ばすドリル＝「算数の力」

　本日の資料の『算数の力　5年下巻』（文溪堂）のドリルを見てください。

　子どもの気持ちになって，復習の4をやってみましょう。

　このページは，右側と左側で文章題と表を線でつなぐようになっています。先生方もちょっと考えてみてください。学力テストと同じように，すべて出てくる数字をそろえてありますから，数字だけでは判断ができません。きちんと関係を読まなくてはいけません。では，どうぞ。

　大人でも考えるでしょう。数字がみんな同じですからね。

　いま先生方がやっていることは読み取りです。子どもとやる

講座Ⅲ　4・5・6年生の算数授業づくり　109

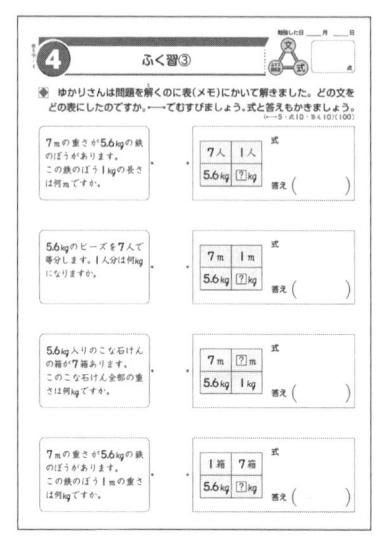

『算数の力　5年下巻』文溪堂

と「先生，文の中に1箱というのが出てきません」と，質問があります。でも，文章の中に「1箱」という言葉がなくても，それと同じ意味を表している言葉がありますね。それを，子どもたちは読み取らなければいけないわけです。これも，国語の力ですね。こうして表に整理しようとすると「1箱」を考える必要が生まれます。

　読み取った表が一致したら，次はその表から式をつくります。表から式をつくる方法は，先ほど言いました。1にするには，同じ数でわればいいのでしたね。これに気がつくと，文章題の苦手な子がかなり楽になります。クラスの中に苦手な子がいたら，試してみてください。このドリルのページは，そのまま授業でも使えます。この中の文章題を1個黒板に書いて，「さあ，どの表になると思う？」と言って，4つ選択肢を与えて考えさせます。「よくわからない」と言ったら，「少なくともこれは違うと思うものから順番に選んでごらん」と言うだけで話し合いの授業ができます。表を選ぶという活動は，関係を見抜くという活動になります。「この中には，1箱という言葉が出てこないけれど，1箱という言葉が，先生必要だよ」ということも，ここで話題になります。文章題の指導も，小刻みに子どもの思考過程を見てやる意識をもつことが大切だと思います。

田中博史プレミアム語録

◆ 子どものとらえたイメージを，さまざまな表現に置き換える力を身につけさせる。すると，問題解決にそれを使っていけるようになる。

◆ 「もしも」「たとえば」「だって」「でも」などの言葉を，思考力を表現する言葉として大事にする。

◆ 子どもは，単におもしろおかしいことだけで喜んでいるわけではない。次の新しいことに向かっていくことに喜びを，感じる生き物だ。

◆ 問題文を書き写すときから仕掛ける。それは，子どもの「問題の意味理解」を助けるため，そして同時に「学習のスタートをそろえる」ためだ。

◆ 授業では，子どもの感じた素直な疑問を一緒に解決していくという姿勢を見せることが大切。

◆ ペア対話は，授業が停滞したときの逃げに使ってはいけない。アイデアやひらめきを発表させるときは逆にやらないほうがいい。

◆ 子どもたちが困ってしまう場面を自分で乗り越えられるように，それを前の学習で仕組んでおく。

◆ 高学年は，文章を読んだら，一度，図や表に整理する。

◆ 表から文章問題をつくってイメージ化する活動をたくさん取り入れることが，形骸化させないためのポイントである。

参加者の感想

金尾　義崇　　　　　　　山口県下松市立下松小学校

目から鱗の連続です！話し方について，かっちり決めてしまうのはどうなのだろうと，もやもやしていたのですが，先生のクラスの授業を見せていただいて，すっきりしました。生活で生かせるコミュニケーション力の育成を目指すと考えると，話したくなる場面，聞きたくなる場面をどんどん仕組んで，経験を積ませてあげることが大切なのだと感じました。「聞き手を意識した伝え方」がキーワードであるべし。

M. M　　　　　　　　　　　　　　　　山口県

文章題を関係図に落として考えるやり方，本当にスッキリ，スッキリです。これまで子どもの頃から算数が苦手で苦労してきた私にとって，一番うれしい瞬間でした。それから"子どもと対話しながら"という言葉，心に響きました。隣同士の相談，停滞時に今まで使っていました。大反省です。ありがとうございました。

直海　知子　　　　　　　大阪府豊中市立新田南小学校

4マスは，昨年DVDをすり切れる？ほど見て，実践しました。しかし，事前に4マス⇔文章をしていなかったので，演算決定の道具に途中からなってしまい，反省しています。単位あたりの量でも使ったのですが，問題の中に，◯━━━◯縦の関係で見たり，$1.6×\square=1.12$ など，かけ算で考えて，わり算に直すほうがわかりやすい問題や，そのように考える子どもがいました。

S. U　　　　　　　　　　　　　　　　山口県

先生の「隣の人とお話ししてごらん」を逃げで使ってはいけない，というお言葉に，はっとしました。授業が停滞したり，数人の子しか話をしてくれないときに，使ってしまった経験があったからです。むしろ，そういったときに必要なのは，教師の発問や手立てなのだと改めて思いました。そうした場面から逃げずに，頑張っていきたいと思いました。

長谷川　淑恵　　　　　　山口県周南市立福川小学校

子どもと対話をしながら授業を組み立てていくことの大切さを感じた。言いたい，言いたいと思わせるためのテクニックがあることを知った。0.5でわることの不自然さを感じる子どもたちが納得できるように授業を進めていることに感激した。

原田　雅子　　山口県防府市立大道小学校

　整数だと÷2, ÷4とすんなり考えられるのですが，この仕事をしていても恥ずかしながら200÷0.5に何で？という感覚をもっていました。同学年の先生に「整数のときにわり算なんだから，小数も同じ」と教えていただき，教科書には言葉の式があり，担任した子どもたちは，気持ち悪さをきっと感じながら話を聞いてくれていたのだと思います。

吉田　哲朗　　山口大学教育学部附属山口小学校

　1つの数，1つの式に子どもたちはさまざまな意味を込めているのだなあと思いました。子どもが数や式をどうとらえているかは，表面的に見ているだけではわからないのだと再確認しました。子どもの言葉に問いかけたり，子どもがつぶやいていることを聞いたり，書いているものから見取っていかなければ本当の意味で思考力を育てることはできないのだと思いました。実際のVTRも見せていただきましたが，子どもたちが前のめりになって学ぼうとしていることや必要を感じるから説明していることがよくわかりました。

小田　佐也加　　山口県山口市立大内南小学校

　「話し合わせるタイミングは，みんなが本当に話したい（言いたい）と思っているときこそ大切で，その様子を教師はしっかり観察しておくこと」なるほど！と思いました。そしてその前に，子どもたちが「話したい」や「言いたい」と思わずにはいられない状況を仕組むことも大事だと感じました。

村上　良太　　広島大学附属三原小学校

　文章題指導で私は，数直線も4マス計算もどちらも指導しました。しかし，表→文づくりというイメージ化のステップはふませていません。スモールステップの指導に"なるほど"と感じました。また，講座中に見せていただいた200÷0.5の授業，これまでの授業のすすめ方に課題を感じ，改めて提案する授業をつくっていかれることに，毎回感心し，自分もと思っています。

田中博史の算数授業のつくり方

講座 IV　活用力,表現力,読解力が育つ,これからの授業づくりのあり方

教師は
「子どもの声の増幅回路」として
授業の中に存在している

図形学習の授業づくり

それでは，最終の講座Ⅳを始めます。

最初に，先生方の質問を受けて，その話からスタートします。

今日，朝からずっと話を聞いてもらい，本当にありがとうございます。

こういった話題を，というリクエストがありましたら，そちらにもふれたいと思います。

■ 早くからわかってしまう子どもたちをどうするか

参加者A：授業をしていると，早くから答えがわかっている子とそうでない子の差が激しく，進めるのに困ることがあるのですが……。

では，それについて授業のDVD（RISE授業実践セミナー，学校図書）を使って説明します。

これは昨年2007年の夏に行った授業です。

五角形と凹型五角形を出して，「次の図形の角度の和を求めましょう」という問題を出しました。

子どもたちには，「自分が解きやすいと思うほうを解きなさい」と言いました。

T：では1番の答えが出たよっていう人。2番の答えが出たよという人。はい，では，先生が式を1つ見せます。どちらの問題をどういうふうに解いているのか想像してください。いいですか？　ちょっと式だけを読んでも

らおうかな。(間) やっぱり,先生が言いますね。

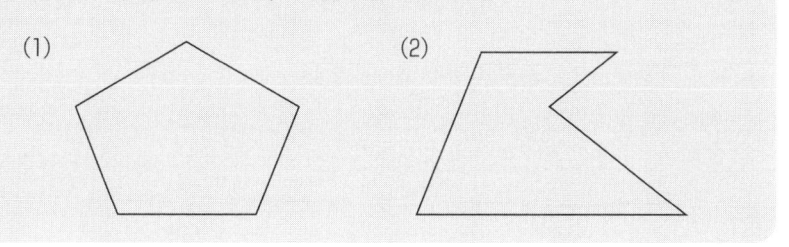

(1)

(2)

ここで,実は私は悩みました。ここでだれかに当てて話させると,すでに解決した子どもが説明して終わってしまうのではないかと思ったからです。

でも,ここでみんなで話題にするのに意味がある「考え方」がでてくるかもしれませんね。いわゆる誤答です。

私がここで指名するのを悩んだ理由は,間違えた子どもがどんな子どもかによるのです。間違えた子どもがわりと元気のいいタイプや算数が得意なタイプなら,指名して話させてもいい。算数の得意な子どもたちがひっかかるようにして,見事ひっかかってくるのであれば,その子どもを指名します。でも,ちょっと気持ちの弱いタイプの子どもだと,その子どもを表に出すのはまずいなと。特にこういう公開研究会ではね。

そこで,そういう場合は先生が机間を見て回ったあとで,「いま見て回ると,こんなふうにノート書いている子がいるよ」と個人が特定できないようにして紹介します。その子の名前は言わないでやるのです。子どもに恥をかかせて進めてしまうことがないように,気をつけたいものです。

ただし,逆転現象を起こさせるために,一人を出すことが必要な場合もあるので,場面やその子どもの状況によって判断します。

この場合はこういう答えでした。

T：180×2。こういう式を書いている人が何人かいます。これはどちらの問題をどんなふうに考えているかわかりますか。想像つく人。

この段階で手を挙げている子どもの中に,実は本人がいます(笑)。この場面では想像したことを話すのだから,自分に責任はないわけです。**他人事にしてやると,子どもは頑張れるんですね。**

例えば5年生の子ならば「4年生だと,どんな間違いをすると思う?」と聞くのです。すると,他人の事を語るふりをしながら,実は自分の姿で語ろうとします。特に高学年になったら,肩の力が抜けて気軽に話しができるような問いかけをしてやるといいと思います。

> C:2番の問題を解いたのだと思う。
> T:2番を180×2で解いたと思ったんだね。どんなふうに考えているのか想像がつきますか。あっ,増えましたね。

ここでみんな気持ちが楽になりました。だから,手の挙がり方が増えたのです。

> C:たぶんこの2番は,こことここに線を引くと,2つの三角形ができるから,たぶん,180×2だと思う。
> T:なるほど,この180×2と書いた人は,ここを結んで,2つの三角形に分けて,出したのだろうと思う。
> C:でもちょっと違う。
> T:でも,ちょっと違う?
> C:こっちじゃなくて,(間)こっちでも三角が2つできる。

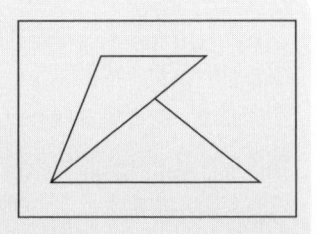

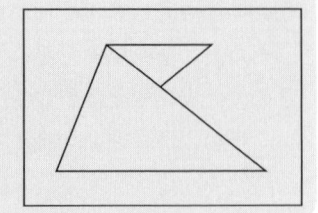

この段階になると,この子どもは自分の考えを話しています。この子どもは,実は180×2と考えた子と同じように考えている子どもです。それで,

自然に自分の考えを言いたくなっているのです。このような誤答には，根底で同じように考えていることが多いのです。三角形に分ければ角度の和は出せると，どこかで習うでしょ。塾で習っている子どももいます。そういう子は，意味もわからず三角形に分割しているわけです。

三角形に分割するというのは何を意味しているのかを話題にするには，このように子どもたちの今の状態が話題にならないとだめです。

T：まず三角形を2つつくってくれたんだろう？　Aさん。この答えはいくつになる？　180×2で360°という答えなんだね。
C：見えないよ。
T：何が見えないんだ。三角形が2つちゃんとあるよ。
C：でも，2番の角を数えてみると5つあるでしょう。360°は四角形だから……。
T：Aさんの言いたいことはわかる？　わかる人。Bさん。

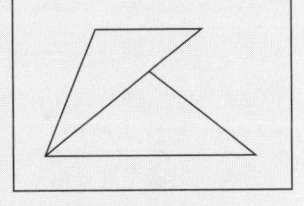

おもしろいですよ。見ててくださいね。人間は，自分が背負わされて説明すると，初めて気がつくのですよ。

C：2番の角は全部で1，2，3，4，5。5つ。ここを数えるから，これと，ここと。あれ？　いいんだ……。

発表しながら，この子どもは，やっぱりいいんだと思ったわけです。

C：いや。よくないよ先生。
T：え？ よくないの？
　三角形を2つに分ける方法は，いま言ったように，こっちに引いても，こっちに引いても三角形2つだ。それで，180×2で360°。何かおかしいと思う？
C：はい，はい，はい。
T：じゃあ，ここでちょっと3人組で，いま自分たちが言いたいことをお話ししてごらんなさい。どうぞ。

◆　3人組の話し合い

　ここで，学級経営の話もしますね。
　私は研究会などいろいろな場面で，3人がけを作るときは，必ず異性が間に入るような形にします。そうすると，子どもはどうしても同性で話すほうが楽なので，両側の子の会話が先に始まります。すると，真ん中の子どもの姿勢が引きぎみになります。この形で，両側が顔を出すと，実は3人で話す空間ができるのです。
　3人組で話をさせるときは，真ん中の子どもに3人で話すという配慮をさせることが大事です。「3人組」と言ったら，真ん中の子がすっと姿勢を引く。それで，両側の子が顔をくっつけるというパターンにしてあげると，子どもたちも安心して話を始めることができます。真ん中の子が左右どちらか向いてしまって背を向けると，もう一人が一人ぼっちに

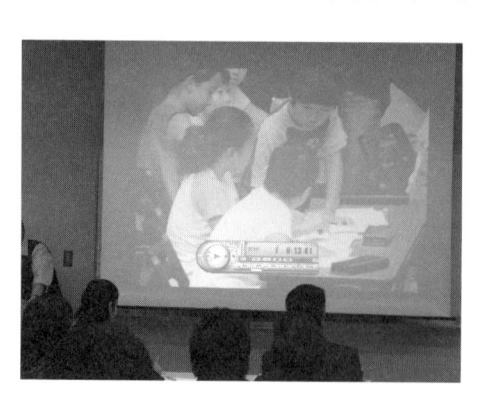

なってしまいますからね。ここにも配慮が必要です。

このような3人組の話し合いのときに，先生は絶対休憩してはいけません。先生は，次に話題にすることを拾うために子どもたちの話を聞くのです。

C：2番は，五角形だから，三角形が3つある。
T：この五角形の中に三角形，3つある？ 2つじゃない？
C：でも今，2つ線の引き方があるということだったんだけど，もっと線を引けば，もっとたくさんの三角形ができるから，2つで，360°と定めることはできない。
T：じゃあ，もっといっぱい，いっぱいできるわけだ。どうすればいいの？ さっきの方法で2つに三角形に分けられたでしょ？ 三角形の角の合計は180°だったよね。だから，180が2つ分で360°というのはいいと思うんだけど。先生，Bくんがいいなあと思う気持ちがよくわかるんだけどなあ。本当は，君たちの中にもいいと思っている人いるでしょう？ 本当はいいんじゃないかなあと思っている人。いや，違う，という人。お話できるかい？ よし，聞いてみよう。
C：うんと，まず，1番を見てみると角はちゃんと5個あるでしょ。それで考えてみると…。
T：ちょっと待って。今ねえ，Cくんがこっちの話にもってきました。

このように子どもは，話の中で必要になると，自分が解決できたものをもってくるのですね。

活用力の育成が新学習指導要領でキーワードになって話題になっていますが，子どもたちが今までやったものの中で，もう解けたものを使って，今むかっている問題の説明に使おうとすることがあります。これが自然になされているのが一番いいのです。

もちろん活用については，第1段階は子どもが気がつかないときに「そこを見てごらん」と示唆しなければいけないこともあります。
　小数のわり算のときはとてもハードルが高いので，あの授業では私が，「前の学習を見てごらん」と示唆しました。でも，本当はこのように，子どものほうから自分で「こっちだったら，こうできるんだよ」と言い出すのを待つのが一番いいのです。

> T：これは確かに角が，5個あるよね。
> C：それで，みんなは1番は，三角形が3個になるというので納得してるんでしょ。
> T：1番は三角形が3個で納得してるの？　じゃ，1番から先に解決しようか。これ，どうやって解いたの？　Dさん。
> C：えっと，この五角形は三角形3つに線で分けられるから，180×3で540°が考えられると思います。
> C：これは180×3で……。
> T：ちょっと待って，180×3はいくつだっけ？　540。じゃ，この方法でやると540°になるんだよね。
> C：このように引くのではなくて，こういうふうに分けて3つ。
> T：同じように分けられるよね。それで，こうやって三角形，これで，同じことだな。
> C：はい。
> C：線1本でもできるよ。
> T：え？　こっちは線1本引けばいいんですよと，言ってますよ。Eくんの解き方が想像できる人。
> C：はい，はい，はい。
> T：Eくんの解き方を，じゃあ式で言える人。なるほど，はい。
> C：えっと，180＋360。

T：今，Eくんが線1本で書けるよと言いました。Eくんの考えを想像してごらん，そして式で言ってごらんと言いました。すると別の子が180＋360という意見です。2人の考えていることは同じでしょうか。本当？ じゃあ，だれかそれを絵に描いて説明してもらおうかな。

■ 算数の読解力

新学習指導要領では，算数でも読解力の育成が大切だと言っています。

算数の読解力にはいろいろあります。まずは文章を読んで，その文章を読み取るという読解力は必要です。

さらに，算数特有の式を読むとか，図を読むといった読解力も必要なのです。

C：はい，ここは180°で，ここは四角形だから360°。
T：これは180＋360でやっぱり540°だね。もっと他に解き方がある？
C：あるある，あるけど。
T：あるけど，うーん。ちょっとだけFくん書いてみて。はい，ストップ。Fくんの考えていることをちょっと見せました。
C：はい，はい。
T：Fくんがやろうとしていることを式で言えますか？
C：はい，はい。
T：じゃあ，Fくんの考えを式で表すとどうなりますか。想像してノートに書いてみましょう。
C：え〜っ。

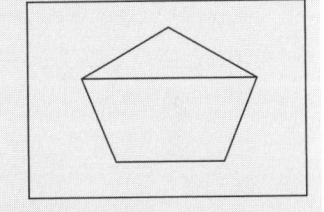

この場面では，図を見て友達の思考を読み取ることをさせています。さっきは，言葉を聞いて式を表現させ，今度は図を見て，式を考えさせます。

算数における読解というのは,このような場面でこうして小刻みにできます。共通するのは,一人の子に全部発表させないで,その子どものちょっとしたきっかけを使って他の子も考えることができるようにすることです。授業のテンポが速くなっていくと,わかったふりをしている子が増えてきます。ところが「一人になってノートに書いてごらん」という時間をあげると,戸惑う子が何人もいました。つまり,本当はわかっていなかったわけです。

T：これだけじゃわからない？
C：わからない。
T：友達の中にわかんない子がいるから,もうちょっと書いてごらん。
C：(続きの線をもう2本引く)
T：わかった？ 想像ついた？ じゃ,Fくんの考え方を式で言えるかい？ 式で言える？
C：180×5－360。
T：180×5－360という式を見て,どのように考えたか想像つく？ だれかに説明してもらおうかな。
C：まず,この五角形を三角形5個に分けて,それで,三角形の1個の和が180°だから,180×5で,それで。
T：ちょっと待って。三角形に分けたところまでは似ているね。なぜ,360

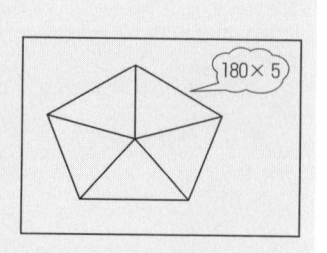

> ひいてるの，この理由わかる？　3人組でちょっと確認しなさい。

◆　話ができる子どもの育て方

　先ほどDVDで発表していた女の子は，4年生の始めは本当に大人しくて，あまり人前では話ができない子どもでした。そんな子どもを変身させるには，ともかく発言の頻度を高めて慣れさせてあげることです。だれかが発表した後に，「これについてどう思う」と，必ずその子に尋ねてみるなどの方法で，発表の回数を増やします。

　ある時期，集中して，この子を話せる子どもに育てたいと思ったら，とにかく意識的に尋ねる回数を増やせばいいのです。

　何度も参加させていくと，いいことを言うときがあります。それをほめるのです。そして，お母さんにも小刻みに連絡します。お母さんは家で，その話題にさりげなくふれます。「今日はちょっとだけ発表したよ」と言うのを待ち，お母さんもそこをほめます。

　このように，教師と保護者の両方が協力してやると，子どもは簡単に変身します（笑）。

> T：じゃ，いいですか，Gさんの発表を聞きますよ。あなたたちが思っていることと同じことかな。はい。
> C：じゃ，まず，5個に分けたから，180×5をすると，真ん中の360°の部分が余分になっちゃうから，最後に360°を180×5からひくと，全部の角がでます。

　発表する子の話を途中で止めて，聞いている子はグループでその話の続きを予測させてみます。その後で，もう1回聞かせると，聞き手が主体的になっていますから，定着度も高くなります。

> T：はい，Cくん，お待たせしました。これでなんとかみんなこのように，1番はできるんだって。

　皆さん思い出していますか。実はここは授業中の1人の男の子が，「1番は三角形3つ分で解決できるよ」と言ったことで話題が変わった1つのドラマなんですね。
　2番を解決している途中にある男の子が，1番の場合はこうやって解決できると言いました。それで私は，1番を話題にして取り上げました。実は今回はこの2問を解くことが目的ですが，2番を解くのに1番を活用してほしいと思いました。どこかで子どもが使ってくれると期待していました。
　子どもにとっては，自分の話にみんなが付き合ってくれて，1番を話題にして進んだという気持ちになります。非常にゆっくりと進んでいますが，中身はものすごく高度なことをやっているのですが，その子どもがつくった話題で転換していくというところが大切なのです。先生は子どもの言うことに付き合っているんだよというデモンストレーションですね。

> T：1番は，三角形と四角形に分けたり，三角形にいっぱい分けて，余分な部分をひいたりして作りました。じゃ，2番に戻るよ。2番はやっぱり三角形を2つに分けているんだから，180×2で360°でよさそうじゃないか。なぜだめだと思っているの？　今の話を聞いていて，三角形2つでよさそうだと思う人？
> C：だめ，だめ，だめ。
> T：よさそうだと思う人？
> C：よさそうじゃない。やっぱりだめだと思う。
> T：そうかな。その理由がちゃんと話せる？
> C：はい，はい，はい。えっと，ここに1本だけひくと，ここの分の180°はなくなっちゃうから，あの，2つの三角形をだすんだったら，180×2にもう1つ

180を……。
T：Hさんの話が言える人。
C：はい，はい，はい，はい，はい。
T：Iくん。
C：Hさんが言っていたのは，この角度が，1つ，2つ，3つ，4つ，5つなんだけど，そしたら，ここにも，本当は線がなかったとしたら，角度1つ，あの，角度があるはずなんだけど，でとりあえず，こう，たす，かけてるの。
T：話わかった？　最初にこれを180×2とした人は，どこを考えていなかったのかな？　皆さん，ノートにあるプリントの中に，ここがないよという印を入れてください。

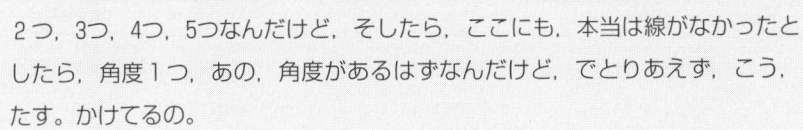

　先ほどは余るという部分をやりました。今度はないところに注目しようとしているわけです。
　1人の優秀な子どもがすぐに正解を言ってしまうようなことをすると，授業が早く終わってしまいます。
　そうではなくて，私は一番ゆっくりな子どもの発想を他の子に予測させながら進めていきます。歩み方はとってもゆっくりです。だから，だれか1人が突っ走るのではなく，地ならしをしている時間をつくってやることができます。
　私は，子どもたちが話しているときに，先生が要約してしまうのはだめだと思います。必ず子どもたちに「聞き取ったかい」と返すようにします。
　授業の中で，私たちが解決するのではなく，子ども自身が人の話を聞き取るということは非

常に大切な能力です。これから先，子どもたちが大人になり，大学へ行ったり，社会に出ると必ず講義を聞いて学ぶ機会に出会います。いや，大人になってからの授業はほとんど講義です。大勢に何かを伝えるときには講義式の授業はとても有効ですからね。でも，それは聞き手自身が求めていることが講師の話の中にあるということを期待してのことです。このときに話を聞き取る能力が必要です。

　きちんと話を聞き，自分の中で聞き取り再生していく能力を育てるためには，小学校の授業の中でも，子ども同士が友達の話を聞き取る空間を大事にしていかなくてはなりません。

　だから先生はできるだけまとめません。そして，「いま話したことを聞き取ったかい？」と確認します。聞き取り能力を高めるだけで，実は学力は上がります。物事をちゃんと聞き取り，自分の中でその知識の整理整頓ができるようになると，確かな力になります。自分でだれかに向かって話をすると，覚えるのです。

　学習はそういうものです。歴史の学習でもいろいろな年表やどういう人物かということをストーリーにしてだれかに話すと，すうっと頭に入って浸透します。自分の中で知識を再現する活動を子どもにたくさんさせると，子どもたちの学力は確実に上がっていきます。単に聞いているだけでは絶対に定着しないのです。その再現活動の頻度をどのくらい高めるかということが，ポイントだろうと思います。

　表現力や読解力を高めるというテーマをよく設定していますが，形骸化した活動を繰り返しても絶対自分のものにはならないのです。子どもたちが自然にかかわる中で，再現活動を頻繁に取り入れます。再現活動をやろうとすると人の話を大切に聞こうとしますから，同時に人間関係力を育てることにもつながります。

■　折り紙遊び

　では本日の講義の最後に，折り紙遊びをしましょうか。

これはNHKの教育番組でもやった授業です。
　折り紙を直角二等辺三角形になるように2回折ります。それで，この直角の部分を切り取って開くとどんな形になるか，と子どもに予想をさせます。
　低学年ではこういう遊びをいっぱいさせておくといいですね。なかなか予測ができなくても，少しずつ開いていって，次にくる形を頭の中にイメージすることができればいいんです。
　2回折ったときはこのようになります。

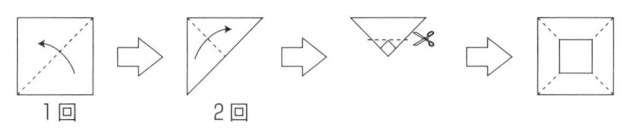

　「2回折りはちょっと簡単すぎたね」と言いながら「1回折って，2回折って，3回折って，またまた直角の部分を切り取ります。さて今度はどんな形になっていると思う？」と尋ねます。
　大人だって3回折りを予想すると頭が痛くなりますよ（笑）。

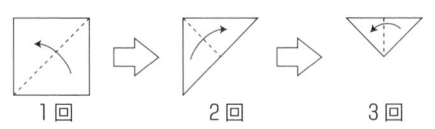

　私が授業をしたとき，切り取った紙がぱらりと落ちて，その落ちた紙をさっと拾いに来た子がいます。拾って，「ここがほら，こう，4つのかたまりということは，この三角形の穴が4つあいているにちがいない」と，予測した子がいました。これは，方法としてはすばらしいことです。
　補集合で物事を考えようというのはすばらしいアイデアですからね。「すごいなあ，まいったなあ」と言いながら，ゆっくりと折り紙を開けていきます。こう順番に開けて，ある程度まで開けると，残りが予測できますよね。はい。実は手裏剣みたいな形になります。
　「先生おもしろいね。じゃ，4回折りになるとどうなるの？」という言葉を待ちながら，授業を繰り返していくのです。

千葉のある学校で，こういう授業をしたら，本当に4回折りをスラスラと予測した子どもがいました。「この子どもはすごく頭がいいな。これは，この子どもを当てるとまずいな」と思って途中から当てないようにしたのです。そうしたら，その後の交流会で，「どうして後半，あの子を当てなくしたのですか？」と聞かれました。「あまりにも算数的に他の子と能力が違っていて，あの子に全部活躍させすぎるとまずいからです」と言ったら，「あの子は算数が1なんです」と答えられました。その女性は，その子どもの母親だったのです。

　小学校の算数の勉強の8割は，特に低学年は数と計算の領域です。それで，「図形の領域が出てきたから活躍できたんですよ」と言ってその場を逃げましたが（笑），そのぐらい図形への感覚と計算とは違うものがあります。計算が苦手な子どもも，こういう授業を体験させると花開きますよ。

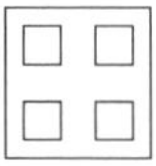

　でも，この図形の問題の中でも，数を意識させてほしいですね。4回折りを開いてくと，こんな形になるんです。あ，そうそう私の名前の田中の田のようになるのです（笑）。こういう形ができていくと，ある子がそれらを見て，「先生，穴の数が順番に増えている」と言ったのです。

　「これは先生，穴1個でしょ，これは2個」「穴なんかないじゃないか」というと「いや，正四角の穴が2個あるのと同じだよ。こことここ，合わせた

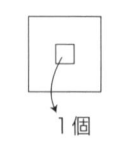

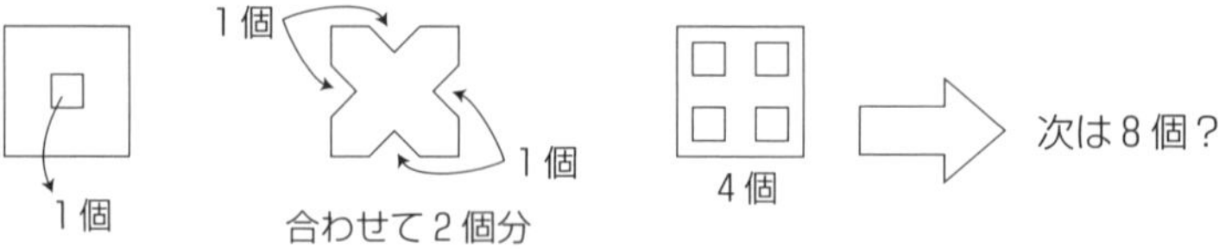

ら1個分になるでしょ。そうすると、これは実は2個分あるんだ。これは4個でしょ。じゃ、先生、次は8個穴があいてる」というわけです。

　先生方も試してみたくなりましたか。

　ではやってみましょう。1枚出してください。まず5回折ってください。こんな小さなものになりました。

　では、切りましょう。切る前に、隣の方と大きさを比べてください。折る回数を間違える子どもがいるので、子どもとやるときにも必ずこうして隣の人と比べさせてみるといいです。

　では切って一緒に開きましょう。穴が、8個あると思いますか。ずっと開いていくと、はい、こんな形になるわけです。

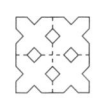

　穴の数も8個分だと皆さんは考えることができるでしょう。三角の部分は2つで1個分とすれば、やはり8個分です。これはすごい発見だと子どもは喜びます。

　ある子どもは、これを見て「先生、折り紙の模様が兄弟になっている。周りが切れているのと切れていないのに分けてみるとおもしろいよ」と言いました。

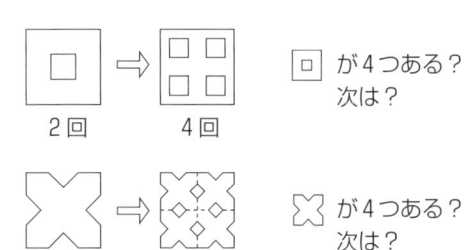

　子どもが分類したのです。算数の育てたい力として、整理整頓の力がありますが、**整理整頓をすると、新しいきまりが見えてきます。これは、どの学習でも全部共通しています。数を分類すると、そこに新しい共通の**

きまりが見えてきます。偶数とか奇数という勉強はそういう勉強です。

次の6回折りはとても大変ですが、この分類のきまりを使うと予測はできます。実は6回折りをハサミで切るのは分厚くなっていて無理です。でも、算数の力を借りれば、どんな形になっているのかを予測できます。これが、算数のとてもいいところです。いつも前の形の4つ分になっていたから、きっと次も4つ分になるだろうと予測はできます。

すごい子どもがいました。翌日、トレーシングペーパーや新聞紙を持ってきて、ひたすら作って実験したのです。この意欲はとてもすばらしいと思います。

この授業が終わった後、ある子どもが「先生、直角の部分切り取るとそんなにおもしろいことがあるのなら、直角じゃないところを切ったら、どうなるの」と言ってきたわけです。これは、私は今まで経験にないことだったので「なるほど、おもしろいことを言うなあ」と、そこで「やってみるか」と言って、一緒に試してみたのです。

では今度はこちらを、先生方も一緒にやってみましょうか。

まず直角二等辺三角形になるように2回折ります。子どもが言ったのは、直角ではないここの部分を切ったらどんな形になるでしょうと言っているのです。2回折ったものを皆さんで一緒に切ってみましょう。

（参加の先生が不安気に隣の人と相談している）

ぶつぶつ言わないで切りますよ（笑）。

何かご質問があるのですか？

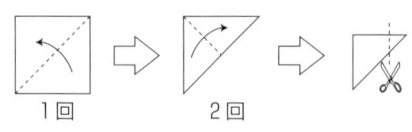

参加者B：切るのは、バラバラのほうと閉じているほうのどちらですか？

バラバラのほう？　　　閉じているほう？

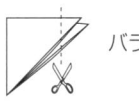

　いい質問ですね。実は同じ質問が子どもとやっても必ず話題になります。「でも，直角二等辺三角形なので，どちらを切っても同じですよね」と挑発します（笑）。（参加者は首を横に振る）

　違うと思いますか？　違うと思う人？（多くの参加者が挙手）

　では先生たちも実験してみましょう。

　隣同士で，役割分担をしましょうか。

　いいですか。じゃあ，一緒に切りますよ。ハサミで切りました。切りましたか。では，一緒に開きます。どうぞ。

（「おー，おー」一同，同じ形ができることにびっくり！）

　私を信用しないから……。同じだって言ったでしょ（笑）。

　なぜ，同じになるんでしょうね。これは皆さんの感覚とずれましたね。不思議ですね。**なぜだろうと不思議に思ったときに，人間はその仕組みを知りたくなって演繹的に考えようとします。**

◆　帰納的な考え方と演繹的な考え方

　新学習指導要領では，演繹的に考えることと帰納的に考えることの2つの

思考方法が強調されています。

　今のように，きまりを見て考えていくのが帰納的な考え方です。理由はわからないけれど，現実を見てこうなっているから，次はこうなるにちがいないと考えていく方法です。

　もう1つは，なぜそうなるのだろう，と考えて，仕組みが知りたくなって，理由を考えていく方法です。演繹的な説明といわれるものです。

　では，先ほどの続きで3回折りを実験してみましょう。3回折って，ここを切ります。いいですか。また，疑ってますか？　バラバラのほうを切るのか，閉じたほうを切るのか，まだ不安がっている人がいますね。直角二等辺三角形だから，どちらを切っても同じだとさっき言ったでしょ（笑）。いいですか。じゃ，聞きます。

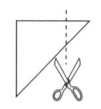

　ところで，今度はなんとなく怪しいと思っている人？

　ドラマ的にはここで怪しくないとおもしろくないですよね。いやいや，そう思わない，もう大丈夫だ，同じだと思う方？　ありがとうございます。確かめてみたいでしょ。隣同士で役割分担をして，切ってみましょう。では，どうぞ。

　いかがでしたか。今度は違うんです。（おー！）

　最初のときに疑問を感じた子どもが「先生，今度は違うんじゃないの？」と言います。その場合は，「そんなことないでしょ」と挑発しておきます。やってみて，「違った，ほら，先生，私の言うとおりでしょ！」とうれしそうに言うのです。

　子どもたちが素直に感じたことを表現すると，先生は授業で使ってくれる，その信頼関係が，わからないことをわからないと言える子どもに育てていく時間となるのです。

　そうすると，高学年になってもとてもかわいく育ちます。だれかが「わからない」と言った瞬間に，クラスのみんなが寄り添ってくれると信じて，安心して「わからない」と言えるようになります。

　最初は先生がわざと，間違っているような考え方をみんなの前で話題にし

ます。そのときに,「このように考えた気持ちがわかるかい」と言って周りの子を寄り添わせてやります。「先生,気持ちはわかるよ。答えは違っていると思うけれど,そのように考えたくなる気持ちはわかる」と子どもたちが口ぐせのように言ってくれるようになるといいですね。

　先ほどの授業でも,「バラバラのほうを切るのですか,閉じているほうを切るのですか」と質問されましたよね。普通,人間は切るところが違うと形が変わるというように考えます。だから,その気持ちはとてもよくわかります。でも,今はわざと反対に挑発してみました。そして実際にやってみますと,違った形が出てきました。

　直角三角形の3回折りをやった際に,このような形ができましたが,ある子どもが別の発見をしてつぶやきました。「先生,さっきのときの2回折りと同じ形になっている」と。ここで私が,「おー,偶然だなぁ」と言うと「先生,次を試してみたい」と言うのです。試してみると,またおもしろいことが見つかりました。これはやってみてください。みなさんの楽しみにとっておきます(笑)。

　折り紙遊びをするだけでも,算数の世界を探究できるおもしろい題材がたくさんあります。

　実は,先ほどの形が同じになるのは,偶然ではありません。先生たちもなぜだろうと,よーく見てください。理由がわかります。理由がわかると,人に説明したくなります。ほら,ここはこうでしょ!と。これが,演繹的な考えを育てるときのエネルギーですね。

　人間は説明活動を,人から強いられてしている限りは形骸化していて,説得力をもちません。

　今ほら,あの先生は気がついて一生懸命隣の人に説明しているでしょ(笑)。あの先生のような子どもが育つといいですね(笑)。

　私たちが教育の中で,説明活動を繰り返すとき,一番大事にしなければいけないこと,それは説明したくなること,話したくなることを子どもの中につくってあげることです。

学級づくり・算数授業の いろいろQ&A

■ 授業以外で気をつけていること

> 参加者C：授業以外で，朝の会や日々の中で心がけていること，普段の生活の中で算数的な意識をさせることを何かされていたら，教えてください。

　本校は，朝の会議がないのです。朝は子どもたちと遊ぶ時間をとっています。8時10分から8時35分までです。約25分から30分間，子どもたちと運動場に出て，老いも若きも朝は遊ばなければいけないことになっています（笑）。定年間際の60歳前の先生も，運動場でドッジボールをしています。ですから，朝の時間にいわゆる計算ドリルをやるということは，本校の場合ほとんどないですね。

　しかし，私の場合はクラスで行事をやるごとに，算数的なアイデアを使います。

　例えば，私のクラスの子どもたちはとても鬼ごっこが好きですが，そのグループづくりのときに，ちょっと余りのあるわり算を活用します。3つのグループで鬼ごっこをする場合で説明しますね。いつも同じグループではつまらない，あるときは出席番号を3でわって，余りが0のグループ，余りが1のグループ，余りが2のグループとします。いわゆる剰余類の活用です。

　でも，これだといつもメンバーが同じですから，ときには「出席番号を6でわって，余りが0の人と3の人を同じグループにしよう」とやったりする。でもここで，0と3をペアにすると，同じメンバーが重なってしまうの

で気をつけてください「他にはどんな組み合わせがあるかな」と言うので，6でわる場合は6つのグループができる。そのグループの組み合わせで，3でわったときに違うグループをつくるようにするには，余りの数の組をどのようにくっつければいいのか，と考えさせるのです。

　いろいろなグループ分けを試したら，「じゃ，今日は9でわろうよ」と別のバージョンにして考えます。

　ところで，私のクラスの鬼ごっこが3つのグループに分かれているのは，みんな追いかけるほうと逃げるほうとどちらかだけを楽しむのはいやだというところから，少しルールを変えた「さんすくみ」という鬼ごっこをしているからです。

　グーグループ，チョキグループ，パーグループの3つに分かれて，グーはチョキを追いかけ，チョキはパーを追いかけ，パーはグーを追いかけるという少し変わった鬼ごっこです。6年生なのに，未だにこれで遊んでいます。

　教室の中には，パズルやゲームもたくさん置いています。そういう知的な遊びは好きですね。でも，問題集も結構な量をやります。子どもたちは『アイテム』という高度な問題集と『算数の力』という授業用のドリルを2種類持っています。

　先ほどプレゼントした分数のトランプもいろいろと使って遊んでいます。

　この分数トランプは遊びだけではなくて，いろいろな分数がランダムに出てくる道具でもあります。ですから，お互いがこの中から4枚のカードをとって，4枚の組み合わせでできるすべての計算をやろうとか，計算練習に使うこともあります。男子が2枚出し，女子が3枚出す，男子と女子の組み合わせで何通りの問題ができるか，などといろいろな

使い方ができます。

　このように，その場で先生が作らなくても分数がランダムに出てきますから，初めの5分間の計算練習をするときに便利ですよ。

■　みんなで学ぶために気をつけていること

> 参加者D：先生のお話を聞かせていただいたり，ビデオで授業を見させていただいたりした中で，みんなで学ぶことをとても大事にされていると感じています。先生がみんなで学んでいくようにするために，心がけていることや，工夫されていることを教えてください。

　なるほど。私が高学年でやりたい授業は，子どもたちと対話しながら，その場で起きたトラブルを子どもと一緒に解決していくように進めていくというものです。

　前の講座で，低学年の授業は導入は教師と一緒にやって共通のトラブルを起こし，みんなで解決していくという授業の例を紹介しました。

　高学年でもそのような典型的な授業スタイルはないのかという質問をよく受けます。けれど形式を意識しすぎると形骸化してしまいます。高学年の授業は，個と集団の行ったり来たりを意識しています。個人からトラブルを取り出し，それを全体で考え，それを再び個人で確認するようにしています。

　この繰り返しをやることが大切です。子どもとのトークショーのようになります（笑）。

　だから，明石家さんまさんや島田紳助さんたちに算数を教えさせたら，授業は上手いと思い

ますよ。彼らは子ども向けの番組でも，その場で子どもが言ったことをネタにして，ずっとその後，展開していきますよね。もともとディレクターや自分が決めていたラインではなくて，そのときの参加者の反応でやるわけです。

　このように，その場面でのトラブルや質問を取り上げて，それを授業者が他にふって話をつないであげながら，次へ進んでいくという技術は，ぜひ身につけてほしいものですね。こういうことをやってやると，子どもたちは自分で授業を進めている気になります。

　そのときに注意することですが，先生が要約しすぎてはいけないのです。先生はただ，聞いたことを他に受け渡す役目です。間にある中継地点だと思って，「子どもが言ったことと全く同じこと」を復唱することが大切です。

　先生がその子のつぶやきを取り上げて大きくすることは，「これはみんなで一緒に考えよう」という合い言葉です。教師は「子どもの声の増幅回路として存在している」ということです。

■ 席替えの工夫

> 参加者E：席替えのときに何か工夫していますか？

　席替えは2週間に1回しています。私のクラスは座席で日直が決まっています。日直が全部終わったら必ず席替えをすると，子どもたちと約束してあります。

　子どもたちは席替えをしたいから，日直の仕事を助け合ってやっています。私にばれないようにね。黒板などを消していなかったら，だれかが来て，さあっと消します。これは，単に席替えしたいからですけどね。私はいいことだと思っています（笑）。

　席替えは，隣が必ず男女になるようにしています。実は隣同士のペアの変換は，席替え以外にもたくさん行っています。授業中の問題を解き合ったり

するペアも，どんどん列をずらしていって，相手がどんどん変わるという経験をさせています。このように席替えやペア活動で頻繁に隣が変わるから，隣同士の出会いもいっぱいありますし，たまに気の合わない子と隣になっても我慢できます（笑）。

ちなみに，私のクラスの6年生は，隣同士の男女の問題の解き合いをものすごく楽しみにしています。ペアがずれていくのを指折り数えてる子どももいますよ（笑）。でも，途中までいったら，反対にずらして回ったりもします。

昔よくありましたよね。フォークダンスで，もう少しだと思ったら，曲がチャンチャンで終わったりしてね（笑）。

算数とは関係ないんですが，子どもたちの中には，その子どもと一緒に勉強するから楽しいという空間もあります。その教師と一緒に勉強するから楽しい，そんな境地までいけるといいですね。

■ 3年生までの指導のあり方

> 参加者F：3年生までの指導で，気をつけることはありますか。

3年生までは問題を生活場面に置き換えることができます。だから，できるだけ具体的な絵を描いて自分なりのイメージをもたせて解決させたほうがいいです。先ほど5年生で4マス関係図を見て提案したときに，「この表，3年生でも使えますね」と言った人がいましたけど，3年生では必要ないと私は考えます。

3年生はやっぱり具体的に絵を描いて，その具体的な絵の場面で認識するほうがまだいいのです。4マスの関係で解かないと，ハードルを越えられないような場面になったら使うというのがよいのです。道具は必要になるまで使わないというのが大切です。「先生，そうか，こういう文章題はこういう表に整理するとすっきりするね」と感じることならば，今まで低学年でやっていたものを，この表に入れることができるかなあともっていって，整理に

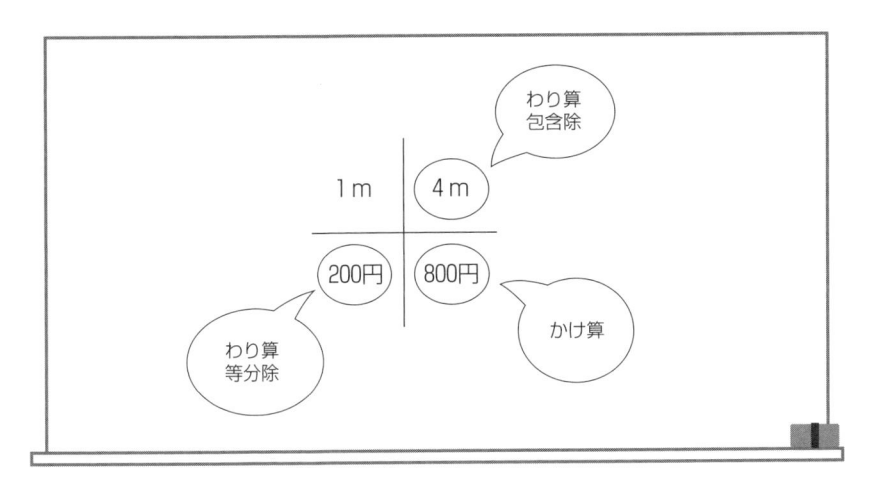

```
          わり算
          包含除
   1m   4m
      ┼
      200円 800円
              かけ算
   わり算
   等分除
```

使うというのは意味があります。

　では整理してみますね。上の図で800がわからないときは，かけ算を使います。低学年でやったかけ算はここがわからない問題です。

　200がわからないとき，これはわり算です。いわゆる等分除になります。4mを1mにしたと考えるのだから，1mにあたる量を求めるものだから，800÷4ですね。これが等分除です。

　しかし，4mがわからないとき，何回分，何m分になるかがわからないときですから，ここは同じわり算でも，包含除です。

　このように表に整理することを，高学年で便利だなあと思った子どもが，「今まで低学年で習ったこともこのようになっているの」と聞いたときにあてはめてみるのはいいと思います。すると「なんだ，要するに，今まで習った文章題というのは，この4つのところがわからなく

なるだけなんだ。ここがわからないときはかけ算だった，ここがわからないときは等分除だった，ここがわからないときは包含除だった」というように，子どもが整理することに意味があります。でも，3年生までのときはやはり，絵を描いて具体的な場面を把握して認識するという世界で頑張り続けたほうがいいですね。頑張れなくなったときに，壁に出会ったときに乗り越える手段として比例関係の表を使うのです。

ちなみに，今，この1mの場所が1つ余っていますね。この1mがわからない場面は，4年生までの文章題では出てこないんです。ここがわからない場面というのは，高学年で比を使った問題になったときに出てきます。

■ 開発された教材

> 参加者G：紹介してもらったカードや問題集は，どこで買えるのですか？

これは，皆さんたちの学校の出入りの教材屋さんが扱っています。

【教材紹介】
　　イメージ九九トランプ（新学社）
　　ビジュアル分数トランプ（文溪堂）
　　ドリル『算数の力』（文溪堂）

■ 授業の流れからはずれた発言をした子どもへの対応

> 参加者H：授業中に，確かに算数的には価値があるのだけれど，その時間で目指しているものと少しずれたこと，ちょっとこの流れからは使いにくいなという場合——例えば先ほどの1÷0.5のときに100÷50に直した子がいましたよね。今は小数で考えたいのに，整数で考えた子がいたとき，そういう子をどのように扱えばいいのかというところを悩みます。何かよい方法はありますか？

子どもは，先生がちゃんと聞いてくれて板書をしてくれれば気がすみます。板書されないと無視されたようになるから，「なるほどね，それ今度使えるね」と黒板の端に書くのです（笑）。実際，後から使えることもありますからね。

　昨日行った学校で授業をしたときに，「5cm²の正方形を点でつないで書きましょう」ということをやったら，子どもたちが，「正方形や長方形ができる」と言ったのです。しかし，本当は最初の段階では正方形はできないのです。でも子どもが言ったので，5cm²の正方形，5cm²の長方形と書いておいた。授業をずっと展開していくと，斜めにいろいろ線を結ぶと，5cm²の正方形ができるときがあるのです。そうすると私はその直前に，「さっきここで『正方形』と言った人がいたよね」と戻ってあげることができました。展開の中で自然に結びつくときもありますから。

　質問してくださった先生が言われたように，算数的に意味があることならば，必ずどこかでつながります。だから，一応記録しておいてあげることは大切です。後で役立つかどうかは，その日はわかりません。でも黒板に書いてあげると，あっ，認めてもらった，と子どもは思います。無視してはだめです。

■　表や4マスの扱い方

参加者Ⅰ：昨年，5年生で4マスを使って学習しました。そうしたら，同じ学年の先生に1の場所を固定したほうがいいのではないかと言われました。私は，いや，これは子どもが考える手がかりだから，それは決めつけなくていいのではないかと答えました。それはよかったのでしょうか。

　それと，年配の先生に，結局，「は・じ・き」と一緒じゃないかと言われました。いや，違う，それは違うと言ったのですが，何か上手く説明ができなくて，どうなのでしょうか。

230人	?
25㎡	1㎡

1ℓ	3ℓ
?	150円

↕

1ℓ	3ℓ
50円	?

道のり / 速さ | 時間
表

→

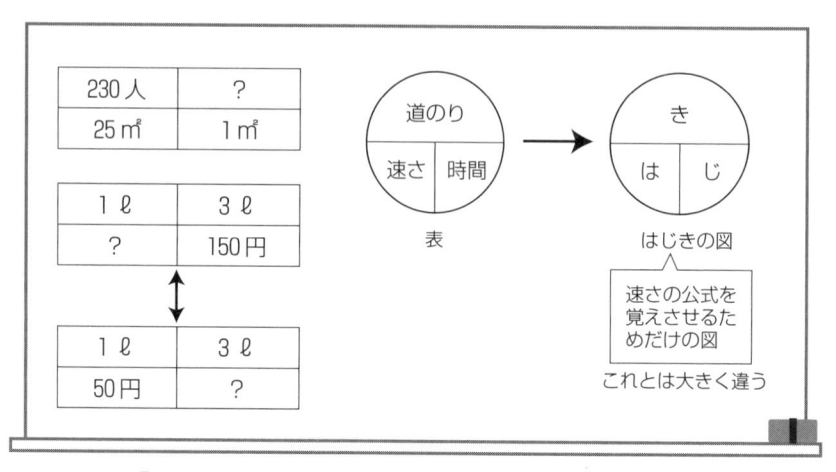

き / は | じ
はじきの図

速さの公式を覚えさせるためだけの図
これとは大きく違う

　4マスは「は・じ・き」のようにもともと意味のない図とは根本的に違います。「はじき」の図は公式を覚えさせるためのものですからね。4マスの表は，実は教科書にも普通に載っている比例の表です。この表を他の場面でもっと活用しようという提案です。**表に書くというのは，算数的にまとめるということですから，意味がある活動なのです。**

　表というのは内容を簡単に整理するということなので，いろいろな学年で出てきています。新学習指導要領の5年生では，比例の学習が入り比例の表を扱います。だから5年生の小数のわり算のときに，比例の表が堂々と使えるのです。4マスの図とは，この表の中の一部分を抜き出したものと考えればいいのです。

　それから，1の場所を固定するかどうかですが，こういう道具を使うときに約束が多ければ多いほど，子どもは使えなくなります。子どもが，自分の話し言葉でそのまま整理したものを使っていいんだよと言ってあげたほうがいいのです。

1ℓ	2ℓ
12kg	?

　「1ℓが12kgで，2ℓはいくら？」と話しているときは自然です。これとは逆に，「1ℓがわかりません。3ℓは150円です」とな

るときは不自然です。

1ℓ	3ℓ
?	150円

↔

3ℓ	1ℓ
150円	?

　この場所のときに、「これは3ℓで150円でした。1ℓはいくら？」と書いたほうが自然じゃないですか。
　実はこうして2つの関係を活用して解く方法を比の勉強のときにはやっているのです。対応を考えさせてやっていますよね。だからこれは、比の学習と同じことをやっていることになります。

■　関係図の扱い方

> 参加者J：ずっとA社の教科書を使っています。A社の教科書では違う関係図を使うのですが、私自身、なかなか今まで教科書の関係図に慣れ親しむことができませんでした。現実に子どもたちも同じなのではないかと思うんですが、どうでしょうか。

　3つの関係をつないで考えるには、表を合体させると思えばいいですね。例えば、1ℓで50円、3ℓで150円という図と3ℓでいくらで、6ℓでいくらという図、それをつないで考えてみます。2つの表を使って考えることと一緒ですよね。これは2つの表を組み合わせていると考えてもいいと思います。

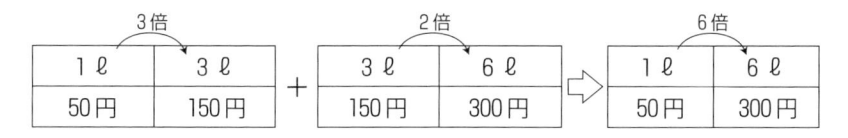

3倍　　　　　　　　　2倍　　　　　　　　　6倍

1ℓ	3ℓ
50円	150円

＋

3ℓ	6ℓ
150円	300円

⇒

1ℓ	6ℓ
50円	300円

　大切なことは、使う道具の意味が子どもたちにわかっているかどうかで

す。子どものイメージがわくのなら，古くから伝わる比例数直線をやったっていいと思います。比例数直線は学習指導要領を作成する方たちが，水道方式の倍概念のかけ算定義に対抗して考えたものです。かけ算をいくつ分で学習した子どもが小数倍とか分数倍になったときに意味を拡張するのに，この図を使って結びつけようとしたわけです。私もずっとこの図を使ってみましたが，どうしても1より小さい数でわるときは抵抗があるなあと感じていたので，今は表と併用しています。

　ちなみに，この表の上下の関係も使えるようになったら，もっと演算決定も楽なんですよ。本当は，比例の表というのは横の関係と上下の関係と両方発見させるのに使いますから，いずれはそのように育てたいものです。

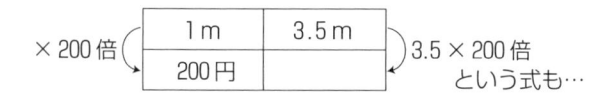

	1 m	3.5 m
	200 円	

×200倍（左） 3.5×200倍という式も…

　6年生になって表は縦に見ることもできるようになります。この段階では単位を除いて，数の関係だけで関数的に考えるようにしていくわけです。ただ，教科書の図も，私が言っている表の活用も，教師からのおしつけの道具になっては意味がありません。子どもたちが自分にとって，どの道具が使いやすいかを考えさせ，選ばせていくことが大切なのでしょう。

　　　　　　　　＊　　　　　　　＊

　先生方の熱意におされて，私もつい力が入りました。わかりづらいところもあったかもしれません。今日一日，本当に長い時間お付き合いしていただいて，ありがとうございました。今日1日だけの，すてきな「生徒たち」に出会えたことに感謝しています。

田中博史プレミアム語録

- ◆ 算数の読解力にはいろいろあるが，まずは文章を読み取るという読解力は必要。さらに，算数特有の式を読むとか，図を読むといった読解力も必要である。

- ◆ 一人の子に全部発表させないで，その子どものちょっとしたきっかけを使って他の子も考えることができるようにする。授業のテンポが速くなっていくと，わかったふりをする子が増えてくる。

- ◆ 子どもたちの話を，教師は絶対に要約はしない。

- ◆ 表現力や読解力を高めるというテーマをよく設定するが，形骸化した活動を繰り返しても絶対自分のものにならない。子どもたちが自然にかかわる中で，再現活動を頻繁に取り入れると，人の話を大切に聞こうとし，同時に，人間関係力を育てることにもつながる。

- ◆ 整理整頓をすると，新しいきまりが見えてくる。数も分類すると，そこに新しい共通のきまりが見えてくる。

- ◆ なぜだろうと思ったときに，人間はその仕組みを知りたくなって演繹的に考える。

- ◆ 人間は説明活動を人から強いられてしている限りは形骸化していて，説得力をもたない。

- ◆ 先生が子どものつぶやきを取り上げて大きくするということは，「これはみんなで一緒に考えよう」という合い言葉。

参加者の感想

藤澤　忍　　　　島根県江津市立津宮小学校

実際のライブ映像をもとに，活用することや，説明することをわかりやすくお話しいただき，よくわかりました。子どもの学習をつなぎながら，友達の考えを読み取ることについて具体的にイメージができました。

田中　敬子　　　　広島県広島市立亀崎小学校

3年生を担任しているときに，わり算の等分除，包含除をどの程度定着させたらいいのか迷っていましたので，質問させていただきました。答えていただいた中に，3年生までは図をしっかり描いていくことが大事なのだと教えていただいたので，しっかりとその時間をとっていきたいと思いました。折り紙はとてもおもしろく，ゆっくりと子どもたちともやってみたいと思います。

小西　雅美　　　　山口県周南市立福川小学校

子どもたちが見つけた課題（つまずき）を，どう温かく取り上げ，みんなの問題（課題）として広げていくか，"子どもたちの発言の紳士的なコントロール力"が教師には問われていると思った。

伊藤　豊　　　　大阪府堺市立白鷺小学校

授業の中での子どもとのやり取りをもっと上手になりたいと感じました。誤答の取り上げ方が子どものタイプによって違ったり，先生が出したりしたほうがよいときもある，ということが参考になりました。間違いやわからないところから，子どもたちとやりとりしながら授業をしていくことのよさを大切にしていきたいです。

T.O　　　　山口県

田中先生が講義中におっしゃられた「先生はトークショーの司会者である」，まさにその通りだと思いました。子どもたちのつぶやきをとらえながら，子どもたち自身に発見させる。そんな授業を私もできるようになりたいと思いました。

井餘田　伸子　　神奈川県横浜市立荏田小学校

公開授業のDVDを見ながらの先生の心境を含めた解説が，とても興味深かったです。授業での話し合いになった段階での交通整理は，本当にいつも苦しんでいます。

大本　千代　　山口県防府市立大道小学校

一日中わくわくしながら，楽しく受講することができました。子どもを算数を通して育てていく，先生の姿勢から，今後も学びたいと思います。ありがとうございました。知識を再現する活動をしっかりと仕組んでいきます。

Y．Y　　大阪府

新しい学習指導要領についても具体的なイメージがわき，とてもわかりやすく聞くことができました。すぐ使えそうな教具のお土産もたくさんいただき，明日からも楽しく活用できそうです。毎年田中先生のお話をとっても楽しみにしています。今日も充実した一日になり，楽しかったです。

加藤　祐之　　山口県防府市立華浦小学校

「授業の中で話し合う（聞き取る）→再現させることで学力は上がる」という言葉，説得力がありました。私も，授業の中で子ども同士が温かくかかわり合いながら，学習内容を獲得できるような授業を目指しているところですが，まだまだ上手くいきません。ですが，大切なことで欠かせないことだと思って取り組んでいます。今日のお話を糧に，さらに力を入れてがんばっていきたいと思いました。

あとがき
―「超」一流に学ぶ授業づくりプレミアム講座の実現に向けて―

　「子どもに算数の力をつけたい！」「国語の授業がうまくなりたい！」教師なら誰もが見る夢。田中博史先生と白石範孝先生は，その夢を鮮やかに見せてくれます。しかも私たち教師，数百人の前での飛び込み授業で。毎年の「超」一流に学ぶ学力セミナーではおなじみになりました。

　しかし，現実は厳しいです。いい授業を観てワクワクしたけど，自分の授業につながらないのです。なぜなら，田中先生や白石先生のあの授業の背景には，教育や授業に対する理念，様々な指導技術やアイデア，そして授業を支える学級づくりや子どもへの向き合い方が隠れているからです。

　「田中流算数や白石流国語に，少しでも近づきたい！」「だったら，田中先生や白石先生の話をいっぱい聞こう！」そんな願いで企画したのが，このプレミアム講座です。田中・白石先生の80分のお話を，一日に4回も聞き，しかも40名限定。こんな贅沢な企画はこれまでにはありません。

　しかも，なんと，そのプレミアムな一日を本にしてしまいました。目からウロコ，ストーンと胸に落ちる田中語録や白石語録の数々。もったいないぐらいの講座内容や，授業者としての魂がこもった語録を，日本全国の先生方にもお届けします。

　最後になりましたが，このワガママな企画を「面白い！」と思って，一日

中,ご自身の授業のつくり方について熱く熱く語っていただいた田中博史先生と白石範孝先生に心より感謝申し上げます。また,一日楽しく学んでいただいた参加者の先生方,出版に協力していただいた東洋館出版社の井上幸子さんにも心からお礼申し上げます。

2009年1月31日

   教師の"知恵".net事務局
     田中 敬二(代表)   坂本 哲彦   村田 辰明
     桂   聖   山邊 文洋   藤井 浩史

※教師の"知恵".netでは,毎週,画像付きのメールマガジンを無料で配信しています。
 執筆者は全国の先生方で,購読者は約5200名です。ぜひご購読ください。
 公式ホームページ(http://www.kyoushinochie.net/)で,簡単に登録・解除できます。

［著者紹介］

田中　博史（たなか　ひろし）
1958年山口県生まれ。山口県公立小学校教諭を経て，1991年から筑波大学附属小学校教諭。全国算数授業研究会理事・日本数学教育学会出版部幹事・学校図書教科書編集委員・基幹学力研究会代表・算数ICT研究会代表。また「課外授業ようこそ先輩」を始め，多数のNHK教育番組に出演。著書には『算数的表現力を育てる授業』（東洋館出版社）他多数。

プレミアム講座ライブ

田中博史の算数授業のつくり方

2009（平成21）年2月13日　初版第1刷

企　画	教材の"知恵".net
著　者	田中博史
発行者	錦織与志二
発行所	株式会社東洋館出版社
	〒101-0063　東京都千代田区神田淡路町2-13
	電話：03-3253-8821　FAX：03-3253-6298
	URL：http://www.toyoksn.co.jp
装　幀	株式会社クリエイティブ・コンセプト
印刷所	藤原印刷株式会社

ISBN978-4-491-02398-4／Printed in Japan